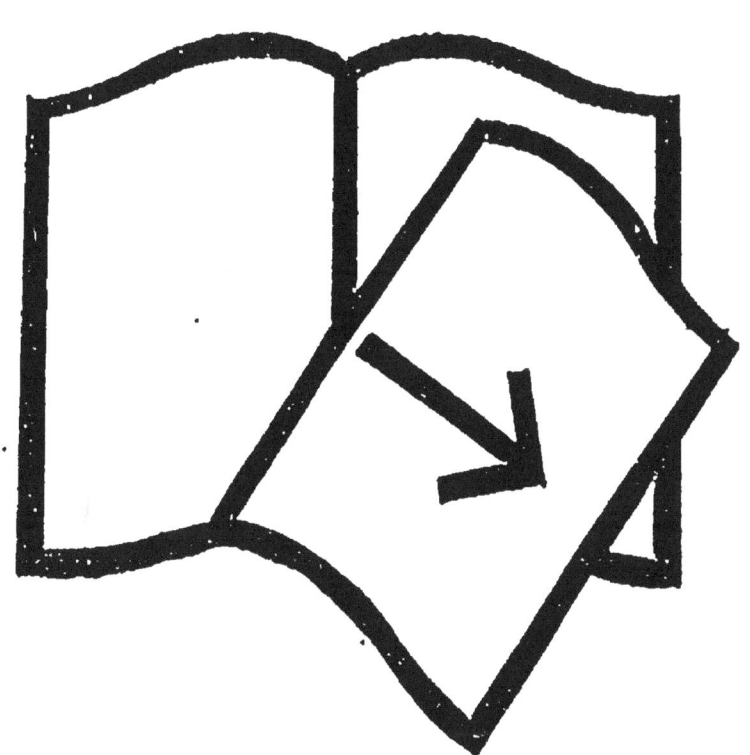

Couverture inférieure manquante

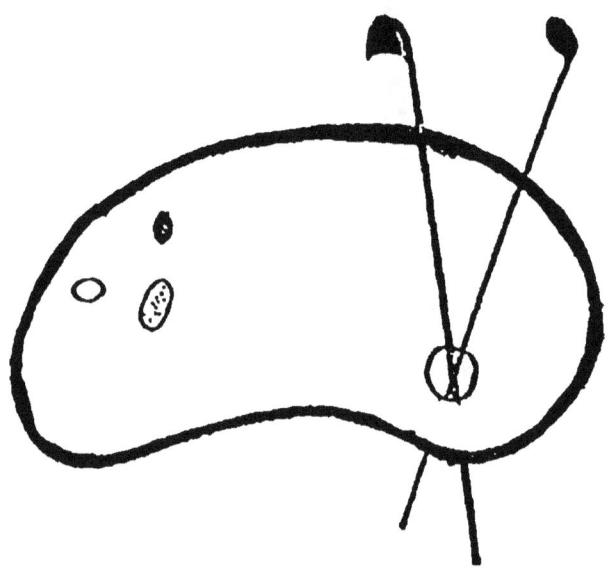

DEBUT D'UNE SERIE DE DOCUMENTS
EN COULEUR

9737

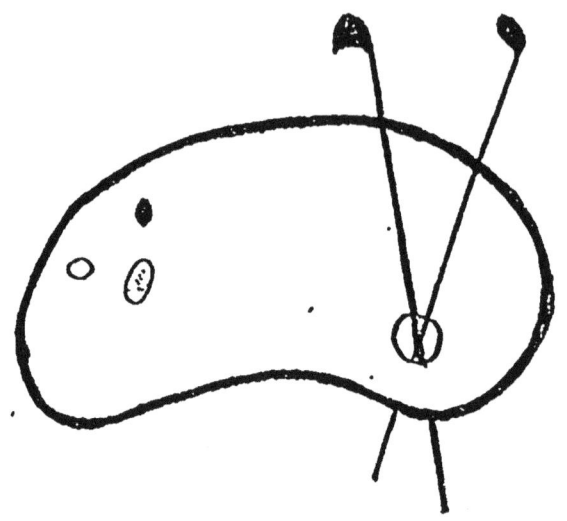

FIN D'UNE SERIE DE DOCUMENTS
EN COULEUR

COMMENT SE FONT
LES MIRACLES
EN DEHORS DE L'ÉGLISE

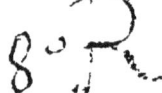

DU MÊME AUTEUR

L'HOMME FOSSILE
Un vol. in-18, chez J.-B. Baillière.

L'ASTRONOMIE MODERNE
Un vol. in-8, chez Germer Baillière.

LA PRÉVISION DU TEMPS
Un vol. in-18, chez Gauthier-Villard.

LE MÈTRE INTERNATIONAL DÉFINITIF
Un vol. in-18, chez Victor Masson.

LA CONQUÊTE DU POLE NORD
Un vol. in-18, chez Plon.

LES MERVEILLES DU MONDE INVISIBLE
Un vol. in-18, chez Hachette.

ÉCLAIRS ET TONNERRES
Un vol. in-18, chez Hachette.

6296-78 — CORBEIL, typ. et stér. de Crété.

WILFRID DE FONVIELLE

COMMENT SE FONT

LES MIRACLES

EN DEHORS DE L'ÉGLISE

PARIS
MAURICE DREYFOUS, ÉDITEUR
13, RUE DU FAUBOURG-MONTMARTRE, 13

Tous droits réservés.

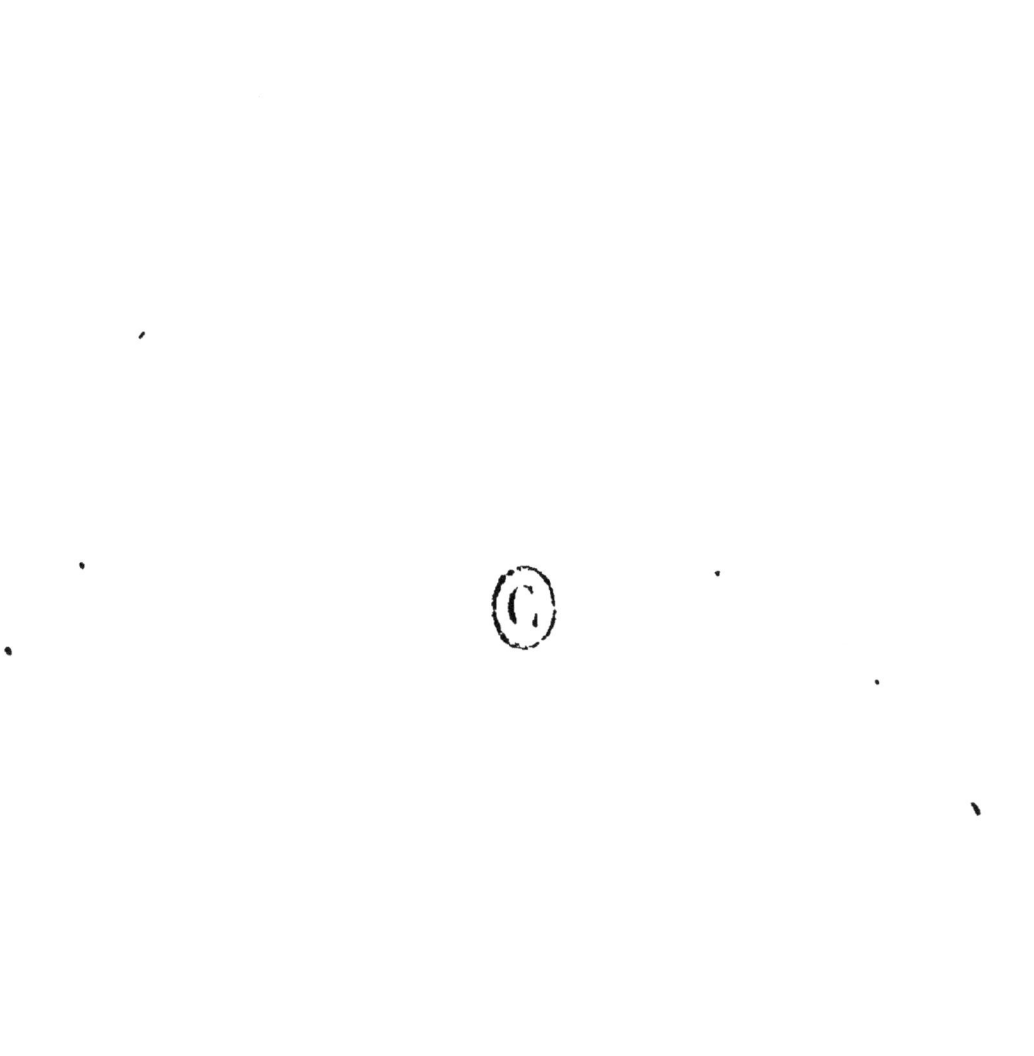

PRÉFACE

Le livre que j'offre aujourd'hui au public est le développement d'un ouvrage analogue qui a paru dans le courant de l'année 1872, et s'est rapidement épuisé.

L'impression en était presque achevée au moment où la guerre franco-allemande a éclaté. La composition de la dernière feuille et la mise en vente ont été si prodigieusement retardées par les événements extraordinaires auxquels nous avons assisté, que mon petit volume avait en quelque sorte vieilli avant de voir le jour. C'est ce qui m'a empêché d'en donner une seconde édition.

Je ne regrette pas mon abstention, car le but que je me proposais lorsque je l'écrivais a été atteint d'une façon complète par des historiens qui se sont fait un nom honorable en étudiant avec détails, et d'une manière beaucoup plus mordante que je n'avais été libre de le faire des fraudes que je n'avais pu examiner que sommairement. Je me contente donc de l'honneur d'avoir été un des premiers à dénoncer à l'indignation publique les superstitions qui ont pris un tel développement dans les dernières années de l'Empire, et d'avoir lutté de mon mieux côte à côte avec mon pauvre ami le regrettable Cayla.

J'engagerai fort les personnes que ces délicates et curieuses recherches intéressent à consulter le *Dossier des pèlerinages* et l'*Arsenal de la Dévotion*, excellentes études dues l'une et l'autre à la plume habile de M. Paul Parfait.

Mon but dans cette publication nouvelle est de m'occuper uniquement des fraudes dont les auteurs ne se mettent ni directement ni indirectement sous la protection du ciel.

Je ne parlerai donc que des imposteurs, indépendants de toute Église reconnue.

Si je me laisse entraîner parfois à parler des autres, ce ne sera que pour prendre des exemples indiscutables, ou pour compléter mes raisonnements.

Ce n'est pas, bien entendu, que je considère les charlatans qui affectent des prétentions de sainteté comme ayant droit à l'impunité; mais il me semble que la *Physique des miracles laies* n'a pas une moins belle tâche à remplir que son aînée.

Nous sommes persuadé d'avance qu'elle n'attirera pas contre nous un moindre concert d'hostilités redoutables, et que, par conséquent, elle n'exercera pas une influence moins heureuse sur les progrès de la raison publique.

Elle répondra du reste à un besoin fort urgent.

En effet, en montrant que le charlatanisme est une peste qui ne s'attache pas seulement aux doctrines religieuses, mais que la science et la philosophie ont leur Notre-Dame de Lourde et leur Notre-Dame de la Salette, elle fera comprendre que si partout il se glisse des intrigants, partout aussi il se trouve des gens honnêtes, sérieux et convaincus. Pas plus que le spectacle des misères de la foi ne nous a rendu hostile à l'idée de Dieu, celui des troubles de la raison ne fera de nous un sceptique. Mais nous pensons que l'énumération de ces impostures et des moyens mis en œuvre pour les faire accepter, servira à montrer la nécessité de ne jamais se départir de l'habitude d'examiner toutes choses à la lumière du bon sens, du sens commun, de l'évidence naturelle, des facultés que Dieu a données à tout esprit sain, et qui doivent être suffisantes pour le guider dans les circonstances les plus critiques de la vie.

Puissions-nous contribuer à faire repousser des doctrines artificieuses et artificielles, qui ont pris pour la plupart naissance de l'autre côté du Rhin, et qui non moins que celles de l'ultramontanisme sont hostiles au véritable génie français.

Je n'ai en aucune façon l'intention de me plaindre des critiques dont mon premier ouvrage a été l'objet.

J'ai été justifié du reproche d'enfoncer une porte ouverte, par le succès des écrivains éminents qui ont pris après moi la plume dans le même but de défendre la raison publique contre la croisade obscurantiste.

D'autres adversaires, appartenant au parti opposé, ont prétendu que ces doctrines sont celles qui ont conduit au massacre des otages et aux scènes que tous les bons Français et les amis de l'humanité sont tombés d'accord pour déplorer.

Comme l'agneau du bon la Fontaine, je pourrais répondre que la *Physique des miracles* n'avait pas encore vu le jour, quand ces crimes ont ensanglanté le pavé de notre cher et malheureux Paris.

Mais je crois utile de faire une confession personnelle, qui montrera sans doute combien ces récriminations sont peu fondées.

Le pâtre de la Salette a vendu l'eau de la sainte montagne, en vertu des mêmes principes qui ont permis à Raoul Rigault de faire couler le sang de Chaudey sur le pavé d'un chemin de ronde.

Je ne crains pas de l'avouer, c'est l'horreur de ces ruses qui m'a préparé à ressentir vivement celle de ces forfaits, qui m'a mis au-dessus de l'esprit de parti, et qui m'a fait comprendre que les pires ennemis de la République ne sont pas ceux qui cherchent à la détruire, mais ceux qui la déshonorent, sous prétexte de la défendre.

Si ma plume a pu rendre quelques services à la cause de la raison et de la liberté pendant les tristes années qui ont suivi nos désastres, c'est surtout aux études nécessitées par la préparation de la *Physique des miracles,* que je dois incontestablement d'être resté un bon citoyen ami de l'ordre et des lois autant que de la République.

Enthousiaste par tempérament, et croyant

au glorieux avenir de la République universelle, j'étais probablement destiné à prendre feu pour les évolutions hardies, si mes études ne m'avaient révélé chez mes concitoyens un état de misère intellectuelle qui m'a fait frissonner, et m'a forcé de comprendre malgré moi la nécessité des tempéraments, des *modus vivendi*, et des compromis politiques.

J'en vins forcément à l'idée de redouter les solutions radicales qui me charmaient à l'époque où je ne me rendais pas compte de la docilité avec laquelle la masse populaire, pareille aux flots de l'Océan, se soulève aussitôt qu'un vent quelconque, qu'il vienne du nord ou du sud, se met à souffler avec une certaine impétuosité.

J'avoue que mon amour-propre d'homme adonné à la culture de la raison fut froissé quand je m'aperçus que l'écharpe rouge des membres de la Commune avait été taillée dans le même drap que le froc des moines de la Saint-Barthélemy.

Je dois encore demander la permission d'attirer l'attention sur quelques circonstances intéressantes à plus d'un titre auxquelles mon livre a indirectement donné lieu. Au commencement de mes études sur la *Physique des miracles*, j'avais fait à la salle des Capucines quelques conférences qui avaient obtenu un certain succès.

Après l'apparition de mon volume, je repris à la salle de la rue d'Arras un enseignement oral qui n'eut pas moins de retentissement.

Pendant la fin de la saison scolaire tout alla bien, sauf quelques grognements partis de certains bancs rapprochés prudemment de la porte, quelques lettres anonymes qu'on me fit l'honneur de m'adresser, et des dénonciations en règle qu'on envoya aux autorités.

Mais il n'en fut pas de même à l'automne, lorsque je demandai l'autorisation nécessaire pour recommencer mes cours. L'extrême gauche de l'Assemblée nationale s'était acquis le concours de M. Barodet, mais M. Thiers n'était plus président de la République française.

Le nouveau ministre de l'intérieur, qui était M. Beulé, me répondit qu'il ne pouvait accéder à ma demande à cause des plaintes qui lui avaient été faites.

J'écrivis alors à ce personnage une lettre fort méchante, et que je m'efforçai de rendre spirituelle. Je lui rappelais ses conférences de la Bibliothèque impériale, et j'insistais sur l'identité du but que je poursuivais dans mon humble sphère, avec celui qui lui avait permis de s'acquérir une si juste et si universelle célébrité.

Je portai mon factum à plusieurs journaux qui, le trouvant trop mordant, déclinèrent l'honneur de lui faire voir le jour. Heureusement l'*Indépendance belge* fut moins timorée.

Quelques jours après l'apparition de ce curieux document, je reçus du secrétaire de Son Excellence un message écrit me priant très-poliment de lui faire l'honneur de me rendre à son cabinet de Versailles.

Le surlendemain je prenais le train et je me rendais à l'heure indiquée au palais des anciens rois.

Je n'eus que peu de temps à attendre dans l'antichambre, et, quelques minutes après avoir dit mon nom à l'huissier, je me trouvais en face de Son Excellence.

C'était un homme plus âgé que moi de quelques années, de haute taille, l'œil vif, le front intelligent.

Le timbre de sa voix était tel que doit être celui d'un orateur, il avait grand air, des manières courtoises et affables, mais dignes et réservées, et l'on pouvait dire de lui qu'il appartenait à la race des esprits dominateurs que la nature a créés pour régner sur les autres.

Cependant il était facile de voir que les soucis du pouvoir n'étaient point seuls à tourmenter mon interlocuteur. Le plus embarrassé des deux n'était pas l'auteur de la *Physique des miracles*.

Mes sarcasmes avaient porté juste, et, malgré la cuirasse d'indifférence dont l'homme d'État s'efforçait de s'envelopper, j'étais parvenu à atteindre le cœur que je visais.

— Vous m'avez bien maltraité, me dit-il.

Je m'incline en signe d'assentiment.

— Mais vous ne pouvez vous faire une idée des embarras de notre position.

— Je m'en rends facilement compte, ajoutai-je; c'est pour cela que je n'ai jamais senti le désir de me lancer dans la carrière où vous avez eu tant de succès. J'ajoutai quelques mots que j'ai oubliés, mais l'ensemble de mon petit discours était : fallait pas qu'il y aille.

— Je me suis fait apporter les rapports de police qui ont été faits sur votre cours, ils rendent hommage aux ménagements que vous employez, mais les dénonciations anonymes pleuvent.

— Accuseriez-vous les agents de l'autorité de partialité à mon égard, et préférez-vous vous en rapporter à ceux qui écrivent comme ils frappent, c'est-à-dire dans l'ombre?

— Je ne dis pas cela, repartit vivement Beulé, mais nous devons tenir compte de ces manifestations comme de toutes les autres. Je vais vous accorder l'autorisation que vous réclamez de moi. Je ne veux pas que la République que vous avez servie soit plus sévère pour vous que ne le serait l'Empire que vous avez combattu ; mais j'espère que vous n'oublierez pas qu'en agissant de la sorte, je m'expose plus que vous ne le pensez. Je compte que vous ne rendrez pas ma position plus difficile qu'elle ne l'est en usant sans modération de l'autorisation que je crois devoir vous accorder. »

Je remerciai courtoisement M. Beulé, en disant que je ne pouvais oublier la bienveillance qu'il avait montrée pour un admirateur des éloquentes leçons de la Bibliothèque impériale.

« Pourrai-je avoir la gloire, dans une sphère moins élevée, de faire servir la physique à relever l'esprit du peuple comme il l'avait fait avec l'histoire? »

Nous nous serrâmes la main et je partis convaincu que, si je n'enviais pas la position du ministre de l'intérieur, la réciproque n'était pas vraie. Cet homme célèbre, arrivé à une réputation à laquelle je ne saurais jamais prétendre, regrettait amèrement d'être descendu de sa chaire pour un portefeuille, censeur obligé des discours des autres, troublé par les solliciteurs, ballotté par les passions politiques, énervé par les intrigues qui se couvent dans les couloirs parlementaires, surveillé nuit et jour par les eunuques de la philosophie et de la science. Cet homme me parut d'un autre bois que celui dont on fait ordinairement les ministres.

Combien j'étais loin de deviner la tragédie qui allait exciter une si lugubre surprise! Comment aurais-je pu me douter que, trouvé bientôt sanglant dans son lit, Beulé allait avoir la mort de Caton d'Utique, de ce grand citoyen dont il avait célébré l'héroïsme, mais dont il ne s'était point proposé d'imiter les vertus?

Quand je repris mes conférences, je n'avais plus à remercier l'homme infortuné qui avait eu confiance dans ma loyauté, mais je crus devoir rendre hommage à sa mémoire, en racontant à mes auditeurs en termes émus ce qui s'était passé entre nous. Je trouvai, on le comprendra, dans cette entrevue mémorable, un motif pour envisager sous un nouveau jour la carrière d'un orateur qui n'a été, sous aucun point de vue, je ne dis pas un homme, mais même un ministre comme on en voit beaucoup, et à qui il n'a manqué que bien peu de chose pour être tout à fait grand.

Mais j'y trouvai aussi, qu'on me permette de le dire franchement, de nouveaux motifs pour persévérer dans la règle de conduite que je m'étais invariablement imposée, du jour où le gouvernement que je rêvais pour ma patrie depuis ma jeunesse, avait surgi des douleurs de l'année terrible, comme l'arc-en-ciel vient après l'orage rassurer nos yeux épouvantés.

COMMENT
SE FONT LES MIRACLES

CHAPITRE PREMIER

LA DENT D'OR.

C'est par l'analyse de l'histoire et des principes du spiritisme qu'il convient de commencer nos études. Car aucune supercherie n'a été plus bruyante dans ces dernières années, aucune secte n'a été plus persévérante, et ne fait d'aussi grands efforts pour tourner à mal les progrès des sciences physiques ou naturelles.

Le célèbre charlatan Home, dont les hauts faits ont régalé le dernier hôte impérial des Tuileries, vient de publier un énorme volume dans lequel il affecte de donner une histoire complète du spiritisme qu'il confond habilement avec le spiritualisme.

S'il faut l'en croire, le *spiritisme est aussi ancien que la terre elle-même.*

Quoiqu'aucun des apologistes de ces farces n'ait formulé ses prétentions d'une façon aussi absolue, tous cherchent à rattacher leur doctrine aux faits miraculeux dont s'occupent les théologiens.

C'est une manière assez adroite, on en conviendra, de placer des tours de passe-passe à l'abri des dogmes que beaucoup de personnes considèrent comme indiscutables.

S'il fallait en croire ces enthousiastes, ces habiles chevaliers de superstition, les hommes qui ont souffert pour leur foi seraient des spirites. C'est le sang des spirites qui aurait coulé sur les autels de l'ancienne Rome ou dans les montagnes des Cévennes sous le sabre des dragons du roi !

Les Albigeois que le légat du pape condamnait au bûcher auraient été des spirites, spirites aussi seraient les Ottomans dont l'héroïsme n'a pu arrêter l'invasion des barbares qui se disent Européens et chrétiens !

Loin de nous la pensée de confondre, avec de plats et vils mensonges, l'enthousiasme de la liberté, la foi admirable dans une autre existence, la confiance dans l'inévitable providence de Dieu.

Le titre de notre ouvrage suffit pour montrer que nous ne ferons pas l'injure aux martyrs, aux confesseurs, aux prophètes de les ranger dans l'armée des charlatans.

Les miracles de Moïse et des magiciens de Pharaon n'ont rien à faire avec le coup de pouce dont un escamoteur se sert pour faire tourner une table; on peut croire à la présence réelle dans l'Eucharistie, et suivre la muscade qui glisse entre ses doigts.

En tout cas, nous demandons la permission de raconter une petite histoire oubliée de nos jours, et que nous empruntons à l'*Histoire des oracles* du docte et savant Fontenelle.

Elle nous servira d'excuse auprès des gens sensés. Car elle montre, d'une façon bien claire et bien nette, qu'on ne gagne rien à se livrer à l'étude de faits anciens, extraordinaires ou controversés.

En 1594, le bruit se répandit subitement dans toute la Saxe et même dans la Marche de Brandebourg qu'un prodige des plus étranges venait de s'accomplir dans un petit village au fond de la Silésie.

Le fils d'un meunier nommé Christophe

Muller venait de perdre ses dents de lait. Pendant sa seconde dentition sa mâchoire inférieure présenta un phénomène inouï.

La dernière molaire de gauche était tombée comme les autres sans offrir de phénomène remarquable, mais elle avait été remplacée, à la grande stupéfaction des parents, par une dent en or qui était sortie naturellement et sans effort.

Le jeune enfant avait perdu son père depuis plusieurs années déjà et n'avait plus que sa mère, pauvre femme à peu près sans ressources.

Cependant, cette dernière avait résisté à la tentation bien concevable d'arracher la dent et de la porter chez l'orfévre. Elle n'avait osé toucher à une manifestation si éclatante de la puissance divine. Elle n'avait pas tardé à être récompensée de son désintéressement, car les personnes pieuses qui venaient souvent de fort loin laissaient presque toujours quelques cadeaux dans la pauvre cabane. Aucun doute ne venait à l'esprit des visiteurs, la veuve avait l'air si décent, si sincère et le jeune enfant semblait si naïf que l'on ne pouvait soupçonner une fraude. Cependant, il était bon qu'un grand savant connu vînt confirmer la réalité du prodige; car les méchantes langues des villages voisins commençaient à faire entendre des paroles malséantes. On s'adressa donc à Horstius, savant célèbre de l'université d'Helmstadt, dont l'autorité était souveraine et dont aucun critique de village n'aurait osé mettre en doute la compétence.

Arrivant à l'improviste chez les parents de l'enfant miraculé, Horstius alla droit à Christophe Müller qu'il s'était fait décrire, et il lui intima, sans lui donner le temps de se préparer, l'ordre d'ouvrir la bouche et de la tenir du côté du jour.

L'enfant obéit et Horstius voit briller au fond de la mâchoire une magnifique molaire d'or ; mais Horstius n'était point un de ces savants vulgaires qui signent des certificats de complaisance comme les escamoteurs et les somnambules s'en sont si fréquemment procurés. Il avait pris dans sa poche la pierre que de nos jours l'on nomme pierre de touche, et que l'on appelait pierre de Lydie. Aristote, en effet, lui avait appris qu'il fallait avant toutes choses se garder de confondre *être* avec *paraître*.

Avant de procéder à cette épreuve décisive, Horstius dit à l'enfant de se laver la bouche à grande eau ; puis, il écarte les mâchoires et il frotte pendant que la foule attentive s'amasse

2.

attendant avec anxiété le résultat de l'expérimentation.

L'épreuve réussit à merveille. L'or de cette dent était d'une pureté étonnante. Jamais les sables du Rhin n'avaient roulé des paillettes contenant moins de matières étrangères. O merveille, on voyait bien que cet or sortait pour ainsi dire directement des mains de la Divinité !

Cet examen important avait du reste été facilité par une circonstance providentielle.

La molaire précédente ne s'était point encore complétement développée, de sorte qu'on avait pu examiner la dent d'or dans toute sa splendeur, aucun de ses rayons n'avait été voilé.

La publication de ce voyage augmenta dans une proportion qu'il est facile de comprendre la foule des pèlerins. Heureux ceux qui pouvaient se rendre dans ce petit village de Silésie et qui avaient le bonheur de palper l'enfant miraculé ! Les offrandes qu'on laissait dans les mains de ses parents allant en se multipliant, ils ne tardèrent pas à se trouver dans l'aisance.

Le bruit de ce phénomène surprenant se répandit dans des régions éloignées, partout où avait pénétré la gloire du grand Horstius. Il alla même jusqu'en France; et ces Welches si légers s'émurent en apprenant le miracle dont une jeune mâchoire d'Allemagne avait été le théâtre.

Le médecin le plus célèbre du Palatinat était alors un certain Ingolstetter, né à Nuremberg et fameux dans toute la province par sa piété aussi bien que par sa science.

Ingolstetter ne pouvait rester étranger à une pareille manifestation de la puissance divine, et si ses occupations lui avaient permis de s'absenter, il aurait certainement fait le pèlerinage de la Dent d'or; mais, ne pouvant abandonner pendant si longtemps ses malades, il se contenta de rédiger un livre éloquent en magnifique prose latine.

Dans une langue que Cicéron n'aurait pu imiter, il démontrait, à l'aide de la dent d'or, que le monde allait assister à des événements gigantesques; car, en relisant avec une attention soutenue l'Apocalypse, Ingolstetter avait cru remarquer que saint Jean avait parlé à mots couverts de la mâchoire de Christophe Muller.

A la même époque vivait à Vienne un autre docteur célèbre, Martin Bullanders, fils de Bullanders le grand alchimiste; grand alchimiste lui-même, il avait succédé naturellement à son père dans la charge de médecin de l'empereur Rodolphe II, le prince qui eut l'honneur d'avoir Képler comme astrologue.

Martin Bullanders lut avec indignation le livre d'Ingolstetter qui avait besoin d'influences surnaturelles pour expliquer un phénomène aussi simple que la transformation en or d'un petit morceau d'ivoire. Est-ce que la fabrication de l'or cherchée par les alchimistes n'est pas une opération entièrement naturelle ? Est-ce qu'il ne suffit pas de découvrir le ferment qui produit cette transmutation toute simple ? Pour accomplir enfin le grand œuvre, ce paysan fils de paysan est inestimable; étant observé de près, il peut mettre sur la trace des secrets découverts par Hermès Trismégiste et depuis lors malheureusement perdus.

La savante dissertation était adressée à Libavius, un des adeptes du grand art, inventeur de la liqueur fumante qui porte son nom, et professeur à l'université de Rothembourg par-dessus le marché.

L'apparition de ce pamphlet scientifique produisit une immense sensation dans toute l'Allemagne illuminée et pédante.

Christophe Muller était devenu une preuve vivante, parlante, pensante de la réalité des espérances des grands savants qui cherchaient l'or potable, l'élixir de longue vie.

Cette démonstration inattendue, palpable, fut acclamée par tous les doctes personnages qui se pressaient à la cour de Rodolphe II d'Autriche, empereur du Saint-Empire romain.

Malheureusement, parmi les personnes que la curiosité attira dans le village de Poméranie, se trouvait un dentiste polonais qui exerçait sa profession dans les foires; comme il connaissait à peine ses lettres, il n'avait pu se monter la tête avec les publications des professeurs allemands; mais comme il était fort habile dans son métier, et que la nature l'avait doué d'une vue fort perçante, il n'eut pas de peine à discerner ce qu'était la merveille dont tout le grand monde savant s'entretenait.

Dès que le jeune Muller eut ouvert la bouche, il reconnut qu'on avait doublé sa molaire avec une feuille d'or très-habilement appliquée et adhérant admirablement à l'ivoire sur lequel on l'avait collée.

Alors, on s'aperçut que le célèbre savant qui avait fait l'inspection au nom de l'Université, dont il était le recteur, et qui depuis était mort de vieillesse, avait la vue excessivement mauvaise. Il avait bien pris la précaution d'apporter une pierre de touche pour s'assurer que c'était bien de l'or qu'il voyait briller au fond de la bouche du jeune Muller, mais il n'avait pas songé à mettre ses lunettes afin de constater qu'on ne se moquait pas de lui, et qu'on ne se servait pas de sa myopie pour aveugler tous ses contemporains!

Nous demanderons donc la permission de ne pas remonter au delà de la date déjà fort respectable de cette histoire édifiante, qui s'est reproduite depuis lors avec bien des variantes. Que de mystifications, que de supercheries, que d'escamotages auraient pu être décelés si ceux qui s'étaient chargés de vérifier les preuves ou les phénomènes n'avaient pas imité trop de fois le savant chargé d'inspecter la mâchoire du jeune Muller!

La vogue quelquefois durable dont ont joui nombre de mystifications scientifiques ou de supercheries littéraires n'a certainement pas d'autre origine. Ce serait perdre son temps ou sa physique, que de chercher à leur en découvrir.

CHAPITRE II

LES CONVULSIONNAIRES DE SAINT-MÉDARD.

François de Pâris, bien moins connu par les vertus singulières dont il ne cessa de faire preuve pendant sa vie que par les miracles qu'on lui attribua après sa mort, naquit dans le faubourg Saint-Germain d'un conseiller au Parlement, le 30 février 1680, il n'y a pas encore deux cents ans. C'est dans cette ville sceptique qu'il fut élevé presque en même temps que Voltaire ; sa vie se passa sur les bords de la Seine, et cependant on raconte à son endroit des prodiges que les rives du Gange ne désavoueraient pas ; des femmes frêles et délicates subirent en son honneur des tortures que les dévots de Siva ne supporteraient point.

Le père du héros de cette histoire avait, comme beaucoup de bourgeois de son temps, été un des actionnaires de la compagnie du Mississipi. Aussi le jeune Pâris possédait en héritage quelque bien et beaucoup d'actions de M. Law.

Loin de se plaindre d'avoir été victime de l'agiotage, et de resserrer les cordons de sa bourse, pour refaire son capital, le jeune saint poussa l'amour de ses semblables jusqu'à vendre sa bibliothèque afin de pouvoir secourir les pauvres qu'il édifiait par sa piété.

Dans ce temps, des anachorètes s'établissaient non dans la Thébaïde, où les Turcs les auraient décapités, mais dans les environs de la ville qu'un monarque impie scandalisait par sa luxure. Il y avait des ermitages à Montmartre et sur le sommet du mont Valérien.

M. Pâris ouvrit boutique de sainteté en plein faubourg Saint-Marceau où il mourut vers l'année 1727. Il fut enterré dans le cimetière de l'église Saint-Médard dont il était paroissien.

Dès que le digne homme fut inhumé, les voisins qu'il avait édifiés pendant sa vie, les pauvres qu'il avait soulagés vinrent prier sur sa tombe.

De toutes parts on voyait accourir des gens qui baisaient la poussière du lieu de sa sépulture avec une dévotion que les Turcs n'ont point à la Mecque pour le tombeau de leur prophète Mahomet.

Plusieurs de ces malheureux, qui pour la plupart n'avaient pas de quoi payer l'apothicaire, se sentirent soulagés en venant de faire leurs dévotions. L'on ne tarda point à découvrir que la pierre qui recouvrait la tombe de M. Pâris avait une vertu singulière que ni la casse, ni le séné, ni même l'antimoine n'avaient jamais possédée.

Comme M. Pâris était connu de son vivant pour son attachement aux doctrines de Jansénius, on supposa qu'il viendrait en aide aux *appelants*. C'est ainsi que l'on nommait les récalcitrants qui refusaient de se soumettre à la bulle du pape Clément XI, tant qu'elle n'aurait point été acceptée par un concile œcuménique. Les *appelants* prétendaient que seule cette assemblée avait le droit de se prononcer sur de semblables matières.

L'on ne tarda point en effet à s'apercevoir que des femmes et des filles, dont aucune cependant n'avait de notions de théologie, étaient atteintes de folie passagère en touchant le tombeau du saint. Il y en avait qui tremblaient de la façon convulsive que les magnétiseurs ont mise à la mode. D'autres hurlaient, aboyaient, miaulaient d'une façon fantastique.

Des partisans de la bulle envoyèrent, paraît-il,

une drôlesse pour contrefaire la possédée et se vanter ensuite de l'imposture. Mais il arriva d'après les appelants que cette fille fut saisie d'une attaque soudaine de paralysie.

Les partisans de la bulle prétendirent que la paralysie était feinte et qu'ils n'avaient envoyé personne se tordre sur le tombeau du saint.

La réponse des appelants ne se fit point attendre, car les femmes et les filles recevaient des coups de fouet et des coups de bûche sur le corps en l'honneur du diacre Pâris. On dit même, quoique la chose ne soit point tout à fait sûre, qu'un enthousiaste poussa l'extravagance jusqu'à se faire crucifier.

Quel rapport y avait-il entre les contorsions de ces malheureuses, qui la plupart du temps ne connaissaient point leur alphabet, et la légalité d'un document écrit en mauvais latin par des moines italiens ?

C'est ce que demanda à plusieurs reprises Voltaire dont l'esprit éclairé était blessé par de si ridicules exhibitions.

Personne ne put ou n'osa répondre à une époque où la bulle *Unigenitus* ne pouvait être discutée sous peine d'être mis à la Bastille.

Mais nous pouvons dire que ces manifestations n'excèdent point celles dont les asiles d'aliénés sont le théâtre de nos jours, et auxquelles on prêterait de nouveau la même attention si des partis religieux ou politiques venaient à s'en emparer.

L'histoire nous montrera du reste que l'opinion des grands personnages chargés de déclarer si les manifestations venaient de Dieu ou du diable, fut déterminée non par l'examen des faits, mais par la faction piétiste à laquelle ils appartenaient.

Tant que vécut le cardinal de Noailles, qui était favorable aux appelants, on envoya auprès du tombeau du nouveau saint de graves commissaires chargés de tenir registre des coups de bûche et de fouet qui s'y recevaient avec componction. Les représentants de l'archevêque se donnaient bien garde d'omettre une seule des grimaces ou des contorsions des adeptes, le tout étant dévotement enregistré.

En attendant que l'autorité ecclésiastique se prononçât définitivement sur la nature de ces manifestations, on accordait à titre provisoire l'autorisation d'élever une magnifique statue en marbre blanc au diacre dont la tombe était glorifiée par une série de faits si surprenants. Le successeur du cardinal de Noailles fut l'évêque Vintimille, qui appartenait au parti des Jésuites promoteurs de la bulle *Unigenitus*. Ce prélat ne vit plus dans ces convulsions qu'un tissu d'impostures. Sans se croire tenu de respecter l'opinion de son prédécesseur, il eut à peine pris possession de son siége qu'il publia un mandement contre les miracles de l'église Saint-Médard.

Les vingt-deux curés de Paris qui avaient été agréables au cardinal en signant une demande d'enquête, se donnèrent bien garde de protester contre l'évêque. L'exempt de police qui fit fermer le cimetière, mit fin aux prodiges aussi facilement qu'un sergent de ville de nos jours fait fermer une salle de conférences non autorisées.

Un plaisant put avec autant de vérité que d'esprit écrire au charbon sur les murs du cimetière ces mots satiriques : « De par le roi défense à Dieu de faire miracle en ce lieu. »

Le cimetière fut supprimé comme les autres à l'époque où l'on plaça les nouveaux champs de repos dans des conditions plus salubres et plus commodes. Mais il paraît que la tombe du diacre Pâris a été conservée. Je me suis laissé dire qu'elle existe encore aujourd'hui dans l'enceinte d'un petit jardin faisant partie du presbytère du curé.

Les auteurs qui embrassèrent la défense du spiritisme dans ces dernières années ne manquèrent point de s'emparer de ces faits pour rattacher par une chaîne non interrompue les Davenport à la sibylle de Cumes, ou à la pythie de Delphes.

Mais il est bon de noter que ces merveilles n'excitèrent que médiocrement l'attention des gens sensés.

Dans la foule des écrivains qui les discutèrent, aucun n'a su s'élever au-dessus de la médiocrité.

Le premier qui eut quelque notoriété fut le chevalier Flotard, bon stratégicien, mais vieux et presque aveugle.

On le réprimanda, on le censura, puis finalement on l'exila.

Le sort du chevalier Flotard n'épouvanta pas un autre auteur également doué d'un esprit vif, téméraire et impressionnable.

M. de Montgeron avait eu une jeunesse fort dissipée dont il ne faisait pas mystère. Il avait été rappelé à Dieu lors d'un accident analogue à celui dont Pascal faillit devenir victime.

Effrayé du danger qu'il avait couru et de la perspective d'être appelé devant son divin juge, sans avoir le temps de se confesser, il se réfugia à la Trappe afin de faire pénitence de ses déréglements.

Mais, ne voulant pas se plier à la discipline du couvent, il revint dans le monde.

Ne pouvant vivre en saint lui-même, il consacra le reste de ses jours à prouver qu'un ermite du faubourg Saint-Marceau avait été plus heureux que lui.

Son hôtel devint le rendez-vous des convulsionnaires, dont il fut le patron attitré.

Le 27 juillet 1737, quinze mois à peine après la publication du mandement de l'évêque Vintimille qui déclarait les miracles de Saint-Médard faux et mensongers, M. de Montgeron obtint une audience du roi, à qui il présenta le livre qu'il venait de composer sur la *vérité des miracles du diacre Pâris*.

Ce livre était imprimé avec un luxe que les marchands de miracles de nos jours n'imitent point, quoique la photographie, dont Montgeron ignorait l'usage, leur soit d'un si puissant secours.

En effet, l'auteur avait pris le soin de faire dessiner *avant et après la guérison* le portrait des miraculés dont il rapportait l'histoire.

Le lecteur peut se faire de la sorte, sans aucune difficulté, une idée très-exacte de la puissance des merveilles que le tombeau du diacre a opérées.

Mais Louis XV fut loin d'être touché par la comparaison qu'on lui avait ainsi facilitée.

La colère de Sa Majesté fut d'autant plus grande qu'il apprit qu'en sortant de Versailles, le hardi apologiste avait remis un exemplaire au duc Louis d'Orléans qui s'occupait de matières littéraires, scientifiques et ecclésiastiques dans un esprit favorable aux *appelants*.

Montgeron fut appréhendé au corps et jeté à la Bastille, d'où il ne sortit que pour être envoyé en exil.

Après avoir passionné l'attention du monde civilisé pendant plusieurs années, ces miracles retombèrent dans l'oubli.

A peine si de temps à autre, pour les besoins de sa cause, un spirite en fait mention dans ses œuvres d'érudition.

CHAPITRE III

NAISSANCE ET DÉVELOPPEMENT DU MAGNÉTISME ANIMAL.

Vers l'année 1770, le jésuite Hell, connu par l'observation du passage de Vénus en Laponie, observation qu'on l'accuse d'avoir volontairement falsifiée, prétendit avoir découvert un moyen de guérir toutes les maladies nerveuses. Il suffisait de l'application du pôle d'un aimant sur la partie malade.

Cette prétention, quoique ridicule, n'était qu'une extension des théories du père Kircher, écrivain autrement célèbre, qui avait attribué à l'aimantation un rôle capital dans l'économie générale du système du monde.

Suivant ce savant illustre, l'aimantation joue le rôle que les Newtoniens ont attribué avec bien moins de sens à une attraction inhérente à la matière elle-même.

Mesmer prétendit que les guérisons pouvaient avoir lieu sans l'intermédiaire de cette force et que l'emploi d'un barreau aimanté était une précaution tout à fait superflue.

La doctrine de Mesmer était de nature à séduire les esprits à une époque où ils étaient réellement possédés par un besoin de généralisation et une fièvre d'innovation.

Il prétendait que tous les corps de la nature sont plus ou moins imprégnés d'un fluide universel et que le corps humain, dans son état de santé, jouit de la propriété d'en absorber de grandes quantités.

Nous pouvons donc être considérés, au point de vue du magnétisme, comme de véritables aimants naturels.

Si nous possédons en abondance suffisante le précieux fluide nécessaire à l'épanouissement de la vie, nous pouvons agir à distance sur nos semblables moins favorisés que nous. Notre influence magnétique peut provoquer l'accumulation du fluide dont le défaut est la cause des souffrances si multiples, si terribles, qui accablent l'humanité.

Mesmer donnait pour preuve, à l'appui de ses assertions, une guérison qu'il prétendait avoir effectuée en 1774 sur une demoiselle OEsterline, miraculeusement guérie d'une maladie convulsive, cette mine inépuisable de prodiges pour tous les exorcistes, les thaumaturges, les magnétiseurs, les spirites et autres charlatans.

Le célèbre physicien Ingenhouz, ayant assisté aux expériences de Mesmer, le déclara atteint et convaincu de supercherie; mais le baron Storck, médecin de l'impératrice mère et conseiller aulique, le prit sous sa protection.

Grâce à ce concours, ses prétendues expériences continuèrent dans les hôpitaux de Vienne.

Le 5 janvier 1775, il adressa à toutes les Académies d'Europe une sorte de circulaire conçue en termes apocalyptiques et qui ne reçut aucune réponse, excepté celle de l'Académie de Berlin.

Cette dernière se chargea du soin de montrer que le mensonge peut quelquefois empêcher le mensonge de se propager.

En effet, les grands physiciens qui composaient cette illustre assemblée s'empressent d'écrire à Mesmer pour l'avertir charitablement qu'il prend, pour un effet du magnétisme animal, les guérisons qui ne sont obtenues que par l'application d'un aimant.

Les doctrines du jésuite Hell avaient, comme on le voit, obtenu un merveilleux succès sur les bords de la Sprée.

Tout en discutant avec les sagaces savants prussiens, Mesmer ne cessait de procéder à ses prétendues guérisons.

Il avait cherché à opérer sur mademoiselle Pradias, fille aveugle, qui était une virtuose distinguée.

Le baron Storck s'étant aperçu forcément que, malgré les pompeuses assurances de Mesmer, le traitement était illusoire, l'auteur de cette prétendue méthode dut aller chercher un théâtre plus favorable à ses exploits.

Mesmer n'avait pu faire cesser la cécité de sa malade, mais il avait fait ouvrir les yeux de l'homme dont l'aveuglement lui donnait une sorte d'impunité. Ce n'était pas précisément le résultat que ce marchand de miracles poursuivait.

C'est au mois de mars 1778, que Mesmer vint à Paris, afin, dit-il fort effrontément, de donner satisfaction à la curiosité des savants et des médecins de la capitale qui, en réalité, connaissaient à peine son nom.

Mesmer, qui était un habile homme, n'ignorait pas le pouvoir de la publicité.

La réclame n'avait point de mystères pour lui.

Il commença par faire imprimer chez Didot

un opuscule devenu fort rare, où il résume sa doctrine en dix-huit propositions qu'il serait peut être utile de rapporter, non point à cause de leur valeur, mais parce que ses disciples les ont successivement presque toutes abandonnées.

C'est seulement à ce point de vue que son factum offrirait un intérêt incontestable.

Car l'on aurait de la sorte un tableau de tous les axiomes ridicules auxquels les adeptes ont commencé par ajouter foi sans aucune espèce de raison démonstrative, si ce n'est l'audace avec laquelle un inconnu les affirmait.

. Moins précis dans ses assertions, moins fécond en détails de tout genre, Mesmer serait mort de faim dans la grande ville, où personne ne se serait aperçu de son arrivée.

Un charlatan qui se rend à la foire aux idées pour y arracher les dents, pour y vendre des crayons, doit monter sur une belle voiture, placer un casque reluisant sur sa tête, un orgue de barbarie derrière son dos, et un boniment retentissant dans sa mémoire.

Un chevalier d'industrie, qui cherche à lancer une affaire, n'a qu'une seule manière pour procéder, soit qu'il veuille exploiter les merveilles du caoutchouc durci, ou des mines de Saint-Gredin.

Il y a une façon au fond uniforme pour jeter ses filets et pêcher les dupes dans l'océan des farces et superstitions.

La bêtise humaine est un champ vaste comme la pensée même, où l'on peut cultiver une infinité de plantes différentes, mais qu'on ne peut labourer pour ainsi dire que d'une seule façon.

Les esprits étaient, depuis la mort du vieux roi, dans une singulière surexcitation. La guerre d'Amérique, cette revanche de la guerre de Sept ans, était l'objet d'étonnantes préoccupations patriotiques. On se passionnait pour Francklin et pour son paratonnerre, pour Voltaire mourant, et pour Beaumarchais naissant; il y avait à Paris assez d'enthousiasme pour tous les grands hommes et pour tous les grands charlatans. Doué d'une haute taille, d'un extérieur imposant, d'une diction grave, de l'esprit de repartie, Mesmer se présente audacieusement comme le révélateur d'un pouvoir magique. Il n'en faut pas davantage pour qu'une foule de gens le considèrent comme supérieur à Priestley et à Lavoisier.

Devenu rapidement le docteur à la mode, cet étrange bienfaiteur de l'humanité imagine de poser lui-même des bornes à la vogue qu'il est parvenu à escamoter, et dont il est le premier à comprendre que la durée doit être éphémère. Il annonce qu'il n'appliquera plus sa méthode nouvelle qu'à douze malades consentant à payer chacun la somme de dix louis par mois.

Cette somme était considérable pour un traitement imité du Christ et ne consistant en réalité que dans l'imposition des mains ?

Il commença dès lors à former le projet avantageux d'entreprendre à forfait le salut du genre humain.

Ses rivaux avaient la partie belle, car Mesmer montrait dès lors un esprit commercial peu en harmonie avec les prétentions de philosophie et de sagesse qu'il affichait hautement.

Cependant Louis XVI, qui ne demandait pas mieux que d'illustrer son règne par de grandes découvertes inattendues, ne se laissa pas décourager par les critiques que cette attitude de Mesmer suscita.

Il lui fit offrir 20,000 francs de rente viagère et 10,000 francs de traitement mensuel s'il voulait consentir à ouvrir une clinique magnétique à Paris.

Les générosités royales embarrassaient fort Mesmer, qui, craignant que les pensions ne pussent survivre à l'engouement des Parisiens, ne cherchait que les moyens de faire Charlemagne, si l'on peut s'exprimer ainsi.

Il se retira donc à Spa accompagné d'un certain nombre de disciples parmi lesquels se trouvaient un certain Deslons, qui bientôt devint un dangereux rival, et un écrivain nommé Bergasse, qui joua un rôle politique pendant la grande Constituante et arriva à conquérir une certaine notoriété.

Bergasse et Deslons imaginèrent d'ouvrir une souscription en faveur de Mesmer pour lui acheter la possession du secret que le gouvernement n'était pas assez riche pour acquérir.

Ils créèrent 100 actions de 100 louis chacune qui furent plus que couvertes, car le public donna 340,000 livres, équivalant à plus d'un demi-million de notre monnaie.

Les dupes de Mesmer n'étaient pas seulement des hommes obscurs dépourvus d'intelligence et de notoriété.

Lafayette et d'Épremesnil, alors au comble de la popularité, furent au nombre des personnes qui perdirent leur argent dans ce singulier marché.

Pour exécuter leurs invocations, les mesmérites avaient imaginé un véritable matériel qui était une imitation plus ou moins grossière des appareils employés par la physique. Ce n'est point une circonstance surprenante, car les propriétés de leur prétendu fluide ne sont qu'une véritable contrefaçon de celles que les physiciens ont appris à constater sur l'électricité de tension, et dont la découverte alors récente préoccupait toutes les imaginations.

Ils employaient une sorte de baquet en sapin d'un pied de haut et d'un diamètre variant d'après les dimensions de la salle où ils opéraient.

Cet appareil, dont l'utilité était de frapper les yeux des adeptes, était élevé d'environ quatre pouces au-dessus du sol auquel il ne tenait que par le centre. En effet, il était enseigné à cette époque qu'il fallait que les pieds des malades fussent entièrement recouverts par le baquet.

Le plancher supérieur de ce tonneau magique, différent de celui des Danaïdes, parce qu'on ne cherchait jamais à le remplir, était coupé par une fente qui régnait dans la direction du nord au sud, et que l'on fermait avec des viroles en cuivre.

A quatre et six pouces du bord, il était percé de trous destinés à recevoir des conducteurs métalliques plus ou moins analogues à ceux qui accompagnent les machines électriques.

A l'intérieur, on disposait régulièrement un

ou plusieurs lits de bouteilles régulièrement entassées et remplies d'eau, de verre pilé, ou de limaille de fer magnétisé.

Les adeptes de Mesmer furent successivement conduits à reconnaître que les prétendus phénomènes excités par la méthode se produisaient aussi facilement sans le secours de tout cet attirail bizarre, inutile, grotesque, dont l'inventeur avait surchargé leurs opérations.

Il fallait bien qu'il eût l'air de donner quelque chose pour l'argent qu'il réclamait.

Avec la meilleure volonté du monde, il est impossible de voir, dans cet appareil bizarre, autre chose qu'une combinaison fantaisiste destinée à frapper l'intelligence des dupes venant se faire magnétiser. Tel est, du reste, le but principal, sinon unique, d'une multitude de cérémonies bizarres en usage dans tous les temps et dans tous les pays.

Mais pour se rendre compte du développement de la doctrine, il n'est pas inopportun d'ajouter quelques détails propres à montrer les *trucs* en usage lors de la fondation.

Les opérateurs avaient soin de choisir des salles obscures et assez vastes pour contenir à la fois un grand nombre de personnes, car les organisateurs de ces représentations puériles avaient remarqué qu'une foule est plus facile à séduire ou à entraîner que quelques personnes isolées.

On y entretenait une chaleur considérable, ce qui tend à développer, par un effet mécanique et physique, les effets naturels dont on faisait honneur à un principe nouveau.

Il se trouvait toujours des dupes toutes prêtes à attribuer à l'influence du mesmérisme les maux de tête ou les congestions que développait prosaïquement la chaleur du poêle d'un charlatan !

Certains opérateurs, cherchant à se distinguer de leur maître, avaient imaginé d'opérer avec des baquets octogones accompagnés de huit petits baquets accessoires.

Chacun de ces baquets de second ordre était soigneusement accompagné d'un conduit spécial qui se rendait au baquet principal pour y puiser une portion du fluide que le magnétiseur était censé y avoir accumulé.

N'oublions point d'ajouter, pour mieux faire comprendre la nature de cette folie, qu'un de ces baquets devait répondre à chacun des quatre points cardinaux et aux quatre points intermédiaires. C'était une précaution à laquelle les charlatans qui menaient les conjurations attribuaient une partie de leur succès.

A les entendre, la manière dont l'aiguille aimantée recherche le nord était une preuve sans réplique que l'âme humaine a également besoin d'être orientée.

Il n'y a pas de sottise qui suffise pour satisfaire les marchands de miracles. Aussi bien que leurs émules, les laïques sont insatiables, cherchant sans relâche de nouvelles croyances à exploiter.

Chaque baquet devait guérir d'une maladie spéciale ou d'un défaut moral qui offrait une sorte d'analogie avec cette affection corporelle.

Le baquet du nord était réservé aux avares, aux menteurs, aux paresseux; ceux du nord-ouest, aux hypocrites, aux poltrons et aux ingrats; celui de l'ouest, aux orgueilleux, aux colères et aux jaloux.

Il en était de même des passes magnétiques qui étaient réglementées avec un soin minutieux.

Chacune de ces recommandations puériles était considérée comme une conséquence naturelle des principes immortels que l'auteur de la méthode avait découverts par un effort de génie.

On enseignait que le côté gauche de l'homme se charge d'un fluide magnétique analogue à celui dont le pôle nord de la terre est imprégné; on ajoutait bien entendu que le fluide austral se retrouvait du côté droit.

On concluait gravement de cette belle découverte que, pour exercer toute son influence sur son sujet, le magnétiseur devait se placer face à face avec lui en regardant du côté du sud, et ses pieds appuyés contre les siens.

L'être humain peut agir incontestablement sur son semblable par une sorte de rayonnement sympathique; nos yeux ne voient pas tous les moyens que la nature nous a donnés de nous mettre en rapport avec nos contemporains. La physiologie a constaté une multitude de faits dont la théorie n'est pas même ébauchée et qui jouent sans doute un grand rôle dans les relations quotidiennes d'homme à homme, peut-être même de nation à nation.

Il était impossible que dans une situation aussi nouvelle, le sujet ne sentît pas quelque émotion, surtout s'il était d'un sexe différent, et s'il arrivait persuadé à l'avance qu'il allait assister à des phénomènes surprenants.

Les moindres sensations, presque toujours exagérées par le patient, étaient soigneusement enregistrées; on ne pouvait bâiller, ni sentir une démangeaison quelque part, sans que les spectateurs imbéciles ne fissent honneur à Mesmer des impatiences que l'on éprouvait; si l'un d'eux venait à tomber par hasard dans un sommeil vrai ou supposé, il n'y avait pas dans la langue de termes assez énergiques pour exprimer l'enthousiasme et la stupéfaction !

Le récit que les historiens du temps ont conservé de ces scènes suffirait à lui seul pour l'éternelle confusion des marchands de miracles de tous les temps et de tous les lieux.

A cette époque, les magnétiseurs annonçaient que, pour provoquer les crises, il suffisait de faire toucher les tiges en métal qui sortaient des baquets petits ou grands.

Dociles aux enseignements d'aussi grands docteurs, les malades y portaient la main, et ils se sentaient soulagés.

Quand les tiges furent considérées comme inutiles, les crises n'en marchèrent que mieux.

On avait célébré avec éclat leur découverte. Leur suppression fut proclamée comme étant également une preuve d'un génie singulier de ceux qui imaginaient de s'en passer.

A mesure que la connaissance de ces appareils à forme bizarre se répandit, on cessa d'avoir confiance dans leur efficacité.

Ils devinrent inutiles dès que l'on fut habitué

à les contempler, et les magnétiseurs, qui ne les avaient imaginés que comme un moyen nouveau d'agir sur leurs dupes, se hâtèrent de les supprimer.

En jetant si facilement à la mer le bagage qui avait fait leur fortune, les disciples de Mesmer ne trahissaient-ils point la véritable nature des effets qu'ils excellaient à provoquer?

Les soupçons que nous ne pouvons nous empêcher de concevoir vont être malheureusement corroborés par la suite de ce triste épisode de l'histoire des folies de l'humanité.

S'il s'était agi d'un Galilée ou d'un Képler, d'un Jésus ou d'un Socrate, le succès eût été moins rapide, et, au lieu de souscripteurs à cent livres par tête, Mesmer sans doute n'aurait trouvé que des persécuteurs ou des bourreaux.

CHAPITRE IV

LE MAGNÉTISME DEVANT L'ACADÉMIE.

A la suite de cette première explosion de charlatanisme et de crédulité, il était impossible que le magnétisme n'obtînt pas les honneurs d'un examen officiel.

Le gouvernement renvoya l'examen de la découverte de Mesmer à une commission de l'Académie de médecine, à laquelle s'adjoignit une commission de l'Académie des sciences. Les plus célèbres des juges de Mesmer étaient Darcet, l'inventeur de l'alliage fusible, Guillotin le philanthrope, auquel on doit la terrible machine qui porte son nom ; Levasseur et Bailly, les deux illustres victimes de la Terreur ; l'horloger Leroy et le grand Benjamin Franklin.

Les épreuves eurent lieu chez Bailly et elles furent répétées chez Franklin dans sa maison de Passy.

On rapporte à ce propos une histoire très-curieuse et qui est bien propre à mettre en lumière la manière dont ces prétendues merveilles se produisent ordinairement.

Dans un accès de générosité qui ne lui était point ordinaire, car il faisait payer, comme nous l'avons vu, toutes ses passes, Mesmer avait magnétisé un arbre du faubourg Saint-Martin.

Ce végétal si merveilleusement favorisé devait communiquer son pouvoir magique aux malades trop pauvres pour être admis à se servir du baquet.

Un jeune homme que l'on déclare très-sensible est introduit dans le jardin, on lui bande les yeux et il reconnaît parfaitement l'arbre magnétisé ; il tombe en crise en l'embrassant.

Mais Deslons, malgré les commissaires, était parvenu à accompagner le sujet, frappait la terre avec sa canne et produisait des bruits que son somnambule entendait.

On recommence donc l'expérience dans un autre jardin en prenant soin que Deslons cesse son manége. Le somnambule s'arrête interdit.

Comme il refuse de marcher, on change de système, les commissaires le conduisent successivement auprès de plusieurs arbres qu'on lui permet d'embrasser.

A chaque embrassade les symptômes augmentent de gravité, et cependant il s'éloigne de plus en plus de l'arbre magnétisé.

On l'arrête au moment où il allait entrer inutilement en crise, car il était très-loin de l'orme qui devait avoir le privilége de le faire tomber en pâmoison.

Tous les phénomènes que les commissaires durent considérer comme réels pouvaient s'expliquer invariablement à l'aide de l'influence morale que des individus ayant conscience de leur existence mutuelle exercent nécessairement les uns sur les autres. Ils rentraient dans le cercle infini des sensations que nous sommes tous les jours appelés à éprouver dans les circonstances ordinaires de la vie.

Quand il n'était pas possible de croire à la fraude, Mesmer n'apportait aucun principe nouveau.

Les phénomènes que l'on pouvait considérer comme extraordinaires étaient toujours produits dans des circonstances qui permettaient de les croire produits par une supercherie.

Les sujets qui éprouvaient des crises violentes chaque fois qu'ils apercevaient leur magnétiseur, cessaient d'être impressionnés lorsqu'on opérait à leur insu.

Il fallait donc être armé d'une foi robuste dans leur véracité pour ne pas admettre que tout était grimace dans les contorsions très-volontaires auxquelles ils se livraient.

Les commissaires de l'Académie des sciences étaient des gens trop humains et de trop bonne compagnie pour soumettre ces malheureux à des épreuves aussi rudes que celles que les convulsionnaires supportaient sans sourciller.

Il ne restait donc à l'actif du magnétisme que quelques mouvements spontanés analogues au bâillement ou au rire qui, comme on le savait avant Mesmer, sont parfaitement contagieux.

Un farceur, je ne sais à quelle époque, avait pris l'habitude d'aller à la halle le matin et d'y bâiller bruyamment.

Les poissardes et les ménagères obéissaient l'une après l'autre au signal que cet individu donnait.

Mais une d'elles s'étant aperçue que le même personnage revenait régulièrement, le dénonça à à ses commères. Elles se fâchèrent et chassèrent l'impertinent expérimentateur.

C'est à des effets analogues que l'influence du magnétisme de Mesmer se bornait.

En réalité, ce n'était pas la peine de venir

de si loin pour nous apprendre à rire ou à bâiller sans savoir pourquoi.

Sauf quelques parties secrètes, qui furent avec raison réputées dangereuses pour les mœurs, le rapport de l'Académie des sciences fut imprimé et répandu avec profusion.

François de Neufchâteau, un de ces hommes les plus honnêtes que produisit la Révolution, pensa qu'il fallait les faire connaître, cependant; il les publia dans le *Conservateur*, où les personnes curieuses d'approfondir ces études les pourront trouver.

Mais on nous dispensera d'imiter cet homme célèbre, car dans un ouvrage qui a la prétention d'être populaire, nous sommes astreints à plus de retenue.

L'on nous permettra d'ajouter que cette série de phénomènes est sans doute recherchée par une classe nombreuse d'adeptes du magnétisme.

En effet, les magnétiseurs ayant presque constamment l'habitude de choisir des somnambules jeunes et jolies, on comprend que leurs exercices soient de nature à exciter les appétits charnels de personnes blasées.

Si nous ne nous interdisions de traiter la chronique galante du magnétisme, nous en tirerions bien des anecdotes de nature à ouvrir les yeux aux croyants les plus opiniâtres.

Nous nous bornerons à dire que sans le secours de Mesmer, l'amour a dans tous les siècles entraîné les faibles humains à une multitude d'actions remarquables dont on ne les croirait pas capables lorsqu'ils sont soustraits à l'influence de cette impérieuse passion.

Pendant bien des siècles on a cru, pour ne citer qu'un exemple, que l'histoire de Héro et de Léandre était une fable. L'expérience de Byron a prouvé qu'une telle prouesse n'est pas au-dessus des forces d'un nageur déterminé.

Mais l'auteur de *Don Juan* n'a-t-il pas montré en même temps que ces hauts faits peuvent être mis sur le compte de la force et de l'adresse, qu'il n'y a pas besoin d'invoquer un état d'extase magnétique pour expliquer comment il se fait qu'on dépasse largement les bornes de la vigueur et de la hardiesse ordinaires.

Les ouvrages de pathologie qui traitent de la folie, ou des maladies convulsives, donneraient bien d'autres exemples, qu'il est inutile d'invoquer.

CHAPITRE V

LES SUCCESSEURS DE MESMER.

Désespérant après cet échec signalé de faire prévaloir sa doctrine en France, Mesmer se retira dans sa ville natale. Il eut soin bien entendu d'emporter ce qui lui restait de l'argent des souscripteurs.

Ce charlatan décocha contre la France un curieux pamphlet dans lequel il se plaignit amèrement d'avoir été volé. C'est surtout Deslons qu'il accusait ouvertement de lui avoir dérobé son secret. Mais ses amis n'étaient pas plus épargnés que ses rivaux.

Mesmer, après cette éclatante escapade, rentra dans l'obscurité où il vécut jusqu'en 1815 sans avoir plus jamais fait parler de lui.

Mais sa doctrine avait été semée sur une terre où toutes les superstitions et tous les escamotages poussaient admirablement.

En effet, jamais on ne vit tant de charlatans avérés préoccuper l'opinion publique qu'à la veille de la grande révolution. Il était temps que le cours des événements donnât à l'activité cérébrale du peuple français un but plus noble et plus relevé.

C'est en effet à cette époque que l'on vit paraître le comte de Saint-Germain et le célèbre Cagliostro, dont les aventures sont trop connues pour qu'il soit nécessaire de les rapporter ici même en résumé.

Il n'est pas jusqu'aux grandes découvertes du commencement du siècle qui ne parurent de nature à fournir une preuve inattendue en faveur des théories de Mesmer; car l'électricité servit à des expériences mémorables qui semblaient prouver que ce mystérieux fluide n'était autre que celui des médiums ; que la vie était une simple étincelle fugitive, et l'âme un peu de ce feu subtil que Volta et Galvani nous ont appris à rassembler.

On voit la trace naïve des espérances qui furent conçues à cette époque dans le récit que donne Aldini des expériences faites sur le corps d'un pendu galvanisé le 17 janvier 1803 le moins de temps possible après l'exécution.

La majeure partie des écrivains qui rendirent

compte de ces tentatives, expriment hautement l'opinion que la vie pourrait être ranimée dans un corps qu'elle a déjà abandonné. Aussi, Aldini crut-il nécessaire de déclarer que le but de ses opérations n'était pas de rappeler à la vie un criminel que la société avait justement retranché de son sein; mais qu'en étudiant l'action de l'électricité sur ses organes, il se proposait de voir jusqu'à quel point on pouvait employer le galvanisme pour sauver une personne honnête qui se trouverait dans un état de syncope ou de léthargie.

Cette belle expérience servit de point de départ aux recherches immenses dont l'électricité médicale, un peu négligée depuis quelques années, devint dès lors l'objet.

Mais les successeurs de Mesmer en profitèrent également pour lutter contre le discrédit qui s'attachait à leurs exercices et qui sans ces découvertes y eût mis bientôt fin.

Un des plus enthousiastes fut le marquis de Puységur, homme d'une honnêteté incontestable, malgré les accusations que Mesmer dirigea contre lui.

On cite de lui des traits qui font le plus grand honneur à sa délicatesse et qui la mettent à l'abri de tout soupçon.

Le marquis avait épousé mademoiselle de Saint-James, fille d'un trésorier de la marine bien connu pour son faste, mais dont la fortune était loin d'être à l'abri des naufrages auxquels la caisse des financiers est toujours exposée.

Saint-James avait donné à sa fille une somme de douze cent mille livres.

Le marquis de Puységur, apprenant que son beau-père a fait faillite, s'empresse de rapporter la dot à la masse afin d'en faire bénéficier les créanciers.

Mais, si la bonne foi de Puységur ne peut être suspectée, il n'en est pas de même de son bon sens, comme le montre surabondamment l'aventure qui lui coûta la vie.

Puységur, ainsi que beaucoup de magnétiseurs était un royaliste exalté.

Le sacre de Charles X produisit sur sa cervelle impressionnable une si grande révolution, qu'il conçut l'idée de camper sur une place publique de Reims, où il avait dressé la tente dont son père s'était servi lors de la bataille de Fontenoy.

Comme Puységur était alors âgé de plus de soixante-quinze ans et qu'il gelait à pierre fendre, il contracta un gros rhume qui l'envoya dans la terre des esprits au moment où allait se livrer la grande bataille scientifique qu'il avait tant désirée.

En effet, vaincue par des considérations puissantes, l'Académie de médecine avait consenti à ouvrir de nouveau l'enquête sur le magnétisme. Le soin de la résumer fut même confié au docteur Husson, qui est visiblement favorable à la doctrine de Mesmer.

Le crédule secrétaire enregistre avec un sérieux imperturbable tous les faits extraordinaires auxquels un magnétiseur nommé Foissac et sa somnambule, appelée mademoiselle Cazot, l'ont fait assister.

Cependant, malgré la complaisance dont il fait preuve, M. Husson est obligé de déclarer que la réalité de tous ces phénomènes est subordonnée à une condition unique, la bonne foi de M. Foissac et de mademoiselle Cazot !

C'est à la clairvoyance que les somnambules de cette nouvelle période limitent ordinairement leurs prétentions.

Leur industrie s'est popularisée à ce point, qu'un certain nombre possèdent une baraque roulante, et suivent les foires comme les phénomènes vivants ou les arracheurs de dents.

La police surveillant de près les ordonnances de celles qui sont sédentaires, ces femmes ont compris le danger de ne point se brouiller avec la Faculté de médecine. Aussi, la plupart sont-elles ornées d'un médecin qui, possédant un diplôme en règle, a le droit de mettre impunément sa science à la solde du premier charlatan venu.

Il est évident en effet que le pavillon couvre la marchandise et que le parchemin obtenu suivant les règles que les examinateurs ont imposées, est une lettre de marque donnant le droit de courir sus aux dupes qui courent après la santé !

Dans les premiers temps qui suivirent la révolution de Juillet, les magnétiseurs et les somnambules firent tant de vacarme, que l'Académie des sciences fut obligée de nommer une troisième commission pour se prononcer sur des faits nouveaux soumis à son appréciation.

Deux magnétiseurs, MM. Hulon et Lafontaine, prétendaient posséder le pouvoir magique d'aimanter des barreaux d'acier. C'était une manière fort sérieuse de prouver l'identité du fluide de Mesmer avec celui d'Amper, et de constater que les magnétiseurs possédaient une puissance palpable, incontestable.

Malheureusement, en présence d'Arago, les deux opérateurs ne purent réussir une seule fois.

La somnambule Angélique Cottin, laquelle ces habiles personnages devaient rendre clairvoyante, ne fut pas plus heureuse, et ne put venir à bout d'aucune des épreuves auxquelles on la soumit sous la surveillance de Babinet.

Mademoiselle Angélique avait exécuté en public à différentes reprises des tours qui avaient excité l'admiration des curieux, et qui demandaient une véritable dextérité.

En effet, quand cette fille se trouvait plongée dans son extase magnétique, elle ne pouvait s'asseoir sur un tabouret sans le rejeter à distance. Elle faisait même tomber des meubles plus pesants, qu'elle ne touchait que par l'intermédiaire d'un conducteur métallique.

Mais ces preuves matérielles de l'existence du fluide s'évanouirent devant le sceptique physicien, comme nous le verrons plus loin.

Alors s'établit une lutte burlesque, grotesque, entre les magnétiseurs et l'Académie.

Jamais les sujets ne pouvaient répéter leurs expériences devant les commissaires comme dans leurs séances ordinaires, mais ils cherchaient mille raisons, mille subterfuges pour expliquer leur déconvenue.

Chaque jour on en voyait surgir qui émettaient de nouvelles prétentions. Il s'en présenta qui annonçaient avoir la puissance de dissiper les nuages.

Un certain Bardou se vantait d'avoir la puissance de faire tomber la pluie sur le point qu'il choisissait.

L'Académie finit par où elle aurait dû commencer.

Elle comprit que certaines impostures sont du domaine de la police correctionnelle et que le juge d'instruction peut seul mettre en lumière les fraudes trop adroitement déguisées.

L'enquête fut donc déclarée close, et depuis près de quarante ans elle n'a plus été ouverte.

Mais les somnambules et leurs magnétiseurs ne cessèrent pas de préoccuper l'opinion.

Le plus célèbre de cette singulière pléiade fut le baron du Potet, auteur d'un grand nombre de publications qui ont la prétention de tracer un code des lois magiques.

Mais l'habile charlatan se donna bien garde de mettre le public à même de reconnaître combien ses *lois magiques* étaient maigres, puériles, décharnées.

Il se contenta de faire tirer à un nombre si restreint d'exemplaires le factum mystérieux où il les résuma, que, malgré sa haute insignifiance, ce livre est devenu précieux. Il fait partie de la réserve de la Bibliothèque nationale.

« Tracez sur le sol à la craie deux lignes suivant le modèle grossier que montre le baron du Potet ; placez un sujet de telle sorte qu'il ait un pied sur chaque ligne, vous le verrez bientôt fermer les yeux et être agité d'un tremblement convulsif.

« Un pouvoir dominateur l'entraîne jusqu'au bout de cette route fatale.

« Si le magnétiseur a voulu qu'il y voie un précipice, on verra le malheureux s'agiter comme s'il était pris de vertige. Les yeux s'ouvriront convulsivement. Il cherchera à s'accrocher, à se retenir ; pour résister à la force effrayante qui l'attire, il enfoncera ses ongles dans les rainures du parquet !

« Dans ce moment solennel les personnes qui assistent à l'expérience se laissent le plus souvent impressionner jusqu'au point que des femmes sensibles s'évanouissent ou entrent en convulsions. »

Quelquefois ce sont des commères jouant un rôle appris à l'avance. D'autres fois ce sont des filles hystériques et à moitié folles, qui se laissent entraîner par un spectacle émouvant.

Les grimaces du prétendu somnambule étant faites avec un peu d'art et d'à-propos, on voit quelquefois sortir de cette foule que l'observateur intelligent prend en pitié, des gémissements, des larmes, des pleurs, ou des cris d'animaux.

Ce n'est que dans une pièce voisine que le médium feint d'ordinaire de reprendre ses sens ; c'est là seulement qu'il fait semblant d'oublier les dangers imaginaires par lesquels il a été si vivement impressionné.

Nous n'avons pas besoin d'ajouter que des comédies de ce genre, ne reposant que sur le jeu de la physionomie de l'acteur décoré du nom de sujet, peuvent être variées à l'infini.

Le baron du Potet sent le besoin de donner une longue nomenclature des expériences auxquelles peut être soumis le sujet lorsque l'opérateur parvient à le plonger dans le sommeil magnétique. Si au bout du couloir magique formé par les lignes tracées à la craie le magnétiseur dessine un triangle, le sujet s'arrête comme s'il arrivait subitement en face de hautes murailles le long desquelles il n'a point d'échelle pour grimper.

Quelquefois le baron du Potet se borne à tracer sur le sol, toujours avec la craie, trois cercles dans chacun desquels il enferme un patient qui se livre à une pantomime effrénée.

Leur angoisse durait jusqu'à ce que le baron du Potet, prenant en pitié leur triste position, mit fin à leurs tortures en les autorisant à sortir de la prison imaginaire dans laquelle il les avait tous trois renfermés.

C'est là une de ces turpitudes qui a fait dire à un philosophe pratique, que l'homme avait un besoin inné d'être dupe, et qu'il était préférable de le mettre entre les mains de charlatans ayant un but plus noble et plus relevé, et offrant au moins quelques garanties de discipline et de moralité.

Après le baron du Potet le magnétisme ne tarda pas à s'allier au spiritisme dont il importe de rapporter brièvement la naissance et le développement, avant de continuer notre revue.

Mais nous ne pouvons nous empêcher de dire quelques mots d'une comédie qui tient au magnétisme et à laquelle nous avons eu tout récemment l'occasion d'assister.

Vers la fin de 1876 le propriétaire de la salle des Fantaisies-Parisiennes se fatigua de voir que son immeuble servait aux représentations du dompteur Delmonico. Il fit déménager ses lions par autorité de justice.

Le directeur imagina de remplacer ses exercices par ceux d'une somnambule qui n'a aucune prétention à la clairvoyance, et dont par conséquent les hauts faits peuvent être scientifiquement étudiés ; c'est la première fois, à notre connaissance, qu'une pareille circonstance s'est présentée.

Les expériences de mademoiselle Lucile se réduisent à deux si on les dégage de contorsions et de jeux de physionomie qui sont parfaitement volontaires et qui ne surprennent point de la part d'une comédienne consommée. Il n'y a pas besoin d'avoir recours au magnétisme pour pouvoir pleurer, sangloter, ou rire à volonté.

Elle se fait percer le muscle d'un de ses bras avec une épingle d'or, sans donner le moindre signe de douleur apparente, et elle garde, stéréotypé sur ses lèvres charmantes, un sourire ravissant. En second lieu elle se fait magnétiser et prend l'aspect d'une statue. Elle tient les membres raides de telle sorte que l'on peut appuyer d'une part sa tête et de l'autre ses pieds sur deux chevalets. Elle garde une immobilité parfaite pendant tout le temps qu'on consent à la contempler dans cet état.

Il est facile de voir que mademoiselle Lucile jouit au plus haut degré de la faculté de tomber à volonté en catalepsie. Le magnétiseur qui la guide prétend que c'est sous l'influence du sommeil magnétique. Mais il ne nous paraît pas difficile d'expliquer d'une façon beaucoup plus simple et plus naturelle cet exercice intéressant.

Que des êtres humains puissent jouir à un haut degré de cette faculté, c'est ce qui paraîtra surprenant au premier abord. Mais l'on sera moins fortement étonné si l'on songe que les muscles pectoraux qui règlent le jeu des poumons sont sous l'influence directe de la volonté. Il en résulte qu'avec de l'habitude un sujet convenablement doué peut ralentir sa respiration au point de l'annuler presque entièrement et tomber dans une léthargie apparente voisine de la mort.

Ces effets seront certainement aidés d'une façon très-notable si les muscles de la vie de relation sont tous à la fois fortement tendus : ce que mademoiselle Lucile sait faire d'une façon merveilleuse. Car l'expérience de l'épingle qui traverse les muscles du bras prouve qu'elle est assez habile pour abolir la sensibilité d'un membre, la sensibilité générale n'étant point entamée.

Des phénomènes analogues se produisent involontairement lorsqu'une jambe s'engourdit parce qu'on la tient trop longtemps dans une situation forcée.

Quel que soit du reste le moyen de tomber en catalepsie volontaire plus ou moins complète, plus ou moins prolongée, il est incontestable que cet exercice a été pratiqué par les fakirs de l'Inde, par les convulsionnaires, à bien des reprises différentes, et dans les conditions les plus variées. Les phénomènes curieux exhibés à la salle Oller peuvent donc s'expliquer sans le concours d'ancien aspect nouveau.

On doit admirer l'habileté rare avec laquelle la contraction volontaire des muscles est utilisée dans ces exercices extraordinaires mais dangereux pour le sujet chez lequel ces constrictions anormales peuvent produire plus d'un genre d'accident.

CHAPITRE VI

LA CHASSE AUX SPIRITES.

On a écrit bien des volumes avec raison pour célébrer la gloire des grands philosophes qui ont bravé les tortures ou la mort pour glorifier la vérité. A côté de ces sages, dont l'humanité sera fière, on pourra citer bien des légions d'hommes, de femmes et d'enfants qui ont subi le martyre pour défendre leur opinion ou leur religion, la patrie ou la liberté.

Mais on s'est peu inquiété des gens qui, sans s'élever à cette hauteur sublime, ont cependant quelques mérites aux yeux de l'histoire impartiale; car ils ont eu le courage plus digne d'éloge qu'on ne le croit de s'insurger contre les mensonges qui avaient leurs défenseurs patentés et de démasquer des supercheries utiles au bien être de quelques corporations ou de quelques particuliers.

En tête de cette série nous ne pouvons nous empêcher de placer un homme qui est trop illustre pour qu'il soit nécessaire de rapporter les circonstances de sa vie.

Secrétaire perpétuel de l'Académie des sciences pendant près d'un demi-siècle, il avait eu bien des fois l'occasion d'apprendre le danger qu'il y avait à détromper les gens, car souvent ceux qui sont pris s'entêtent, et ne veulent démordre de leurs erreurs. C'est s'en faire des ennemis mortels, que de les obliger à convenir qu'ils ont été dupés.

Aussi peut-on dire sans aucune exagération que ce n'est pas par la *Pluralité des mondes* que Fontenelle a le plus mérité d'être immortalisé.

Son *Histoire des oracles*, quoique oubliée de nos jours, mériterait également d'être citée comme un exemple de pénétration et, ce qui est plus rare chez un académicien, d'indépendance d'esprit.

Cette œuvre fait d'autant plus d'honneur à son auteur que Fontenelle avait trop d'esprit et de sens pratique pour se faire la moindre illusion sur le danger des attaques qu'il se permettait, quelque atténuées qu'elles fussent. En effet il se plaisait à dire que, *s'il avait la main pleine de vérités, il se garderait bien de l'ouvrir.*

L'histoire des hommes qui se sont donné la

mission de démasquer les fourbes, ne serait qu'une longue justification de la prudence dont Fontenelle s'était fait l'apologiste et empêcherait de lui faire de trop vifs reproches d'avoir prêché une indifférence qu'heureusement il n'a pas toujours imitée.

Très-avantageusement placé sous beaucoup de rapports, doué d'un esprit beaucoup plus frondeur, et d'un esprit infiniment plus caustique, Voltaire montra beaucoup de timidité dans la discussion des supercheries scientifiques.

Le patriarche de Ferney, craignant sans doute de se mettre trop d'ennemis sur les bras, évita de traiter un grand nombre de sujets de ce genre, qui passionnèrent les hommes de son temps; c'est à peine s'il se permet à leur endroit quelques timides allusions.

Un des hommes qui auraient le droit incontestable de figurer à côté de Fontenelle dans cette galerie, serait préférablement son contemporain Féret, un des plus illustres membres de l'Académie des sciences morales et politiques.

Quoique ce savant eût pris à tâche de ne jamais se départir de la réserve indispensable dans un siècle où pleuvaient les lettres de cachet, il se vit jeté à la Bastille où il gémit au secret pendant plus de six mois, à la suite d'un *Mémoire sur l'origine des Français.*

Le crime qu'il avait commis était sans doute d'avoir osé prétendre que le nom de Frank ne voulait pas dire libre, comme le prétendaient les historiens officiels, mais venait d'un vieux mot germain *frenk* qui veut dire *féroce* et qui, suivant les dialectes, prend plusieurs formes un peu différentes, mais toujours analogues.

Comme on est réduit à de simples conjectures, c'est l'explication que donne Delort dans son second volume de la *Détention des philosophes,* ouvrage auquel nous renverrons le lecteur curieux de connaître les aventures de quelques libres penseurs dédaignés.

Les superstitions qui révoltèrent l'esprit caustique de l'auteur de *la Pucelle* n'eurent pas seulement des adversaires parmi les disciples de Calvin ou parmi les philosophes qui ont l'orgueil de croire que c'est rabaisser la gloire du Christ que d'en faire un fils de Dieu.

On citerait également dans les rangs du clergé français orthodoxe un grand nombre d'hommes qui ont lutté avec un courage dont les incrédules ne peuvent comprendre l'étendue, pour empêcher des superstitions basses et viles de déshonorer les dogmes auxquels ils étaient attachés.

Dans l'impossibilité où nous nous trouvons de faire un si long et si difficile travail, nous demanderons la permission de nous borner à dire quelques mots d'un homme dont le nom est devenu cher à tous les Français, et qui ne s'est pas borné à poursuivre les fraudes sacriléges de quelques charlatans tonsurés.

L'abbé Thiers naquit le 11 novembre 1636 dans la ville de Chartres, d'une famille pauvre, complétement hors d'état de pourvoir aux frais de son éducation.

Grâce à la protection d'un curé de sa ville natale, il obtint une bourse au collége de cette ville où l'on faisait quelque peu d'humanités.

Les succès que le jeune Chartrain obtint déterminèrent ses patrons à lui accorder une des bourses que le diocèse payait alors aux fameux collége du Plessis à l'Université de Paris. Dès 1658, il était admis à y enseigner les humanités. Bientôt après le grade de maître ès arts et de bachelier en théologie récompensèrent le zèle du jeune ecclésiastique. Il pouvait espérer dès lors une brillante carrière. Car c'est surtout dans l'état ecclésiastique que le hasard de la naissance a moins de prise sur la carrière. On a vu la tiare portée pour la gloire de l'Église par plus d'un gardeur de *pourceaux*.

Mais la perspective de porter la mitre et la crosse ne put déterminer le jeune Thiers à sacrifier son esprit vif et pénétrant, présent précieux, mais funeste, quand on veut faire son chemin. On l'envoya presque en exil dans la cure de Champrond, petit village du Gâtinais.

Le jeune abbé, qui avait les goûts simples, semblait destiné à vivre heureux dans cette jolie campagne ; malheureusement pour son repos, il conçut la folle pensée d'attaquer quelques pratiques locales qui étaient loin d'être autorisées par le droit canon, car les traditions du pays ne les consacraient point. C'étaient des herbes parasites qui avaient poussé à l'ombre des arbres séculaires dont la plantation avait eu lieu régulièrement avec l'appui des bulles et des pontifes romains.

Les chanoines de la cathédrale de Chartres avaient l'habitude de louer les porches de leur cathédrale à des marchands qui vendaient des objets de sainteté. L'abbé Thiers ne pouvait comprendre que les marches du Temple de celui qui avait chassé les trafiquants de la maison de son père pussent être légalement mises à bail.

L'affaire fit assez de bruit pour que l'évêque de Chartres se vît obligé de mettre l'affaire entre les mains d'un archidiacre qu'il chargea de se prononcer sur l'affaire.

Ce personnage, qui se nommait Robert, se rendit à Champrond pour entendre les raisons que le jeune curé avait à déduire contre la pratique de messieurs du chapitre.

Il revint à Chartres ; mais, par un procédé souvent employé dans des luttes plus sérieuses, l'habile stratégiste chercha plus à porter la guerre sur les terres de son adversaire que de défendre les chanoines. Il rédigea un rapport dans lequel il insinuait que le curé de Champrond était bien jeune pour être autorisé à garder ses nièces dans son presbytère, et il demandait que ces filles fussent au plus vite éloignées.

L'abbé Thiers, qui ne se sentait point coupable, ne voulut pas laisser courir des soupçons injurieux pour ses mœurs, et écrivit la *Sauce Robert*, pamphlet rédigé en style digne du *Lutrin*.

Ce n'était pas à cette époque un spectacle ordinaire que de voir un simple curé de campagne tenir ainsi tête à l'official. Aussi la *Sauce Robert* eut-elle les honneurs d'être mise en vente à Paris, sous le manteau de la cheminée.

Le lieutenant de police découvrit les libraires qui avaient commis cette incartade et les fit jeter à la Bastille.

L'abbé Thiers fut décrété de prise de corps et les huissiers accompagnés par des exempts vinrent au milieu de l'hiver mettre le mandat à exécution.

Il faisait alors excessivement froid; aussi ne pouvait-on songer à se mettre en route avant dîner.

Sans se troubler de la compagnie singulière que de hauts personnages lui ont procurée, le pauvre curé offre poliment aux militaires et aux huissiers de partager son modeste repas.

Pendant que l'on se met à table, l'hôte dit un mot à ses nièces, qui font ferrer à glace la mule dont il se servait ordinairement.

Quand tout le monde est bien repu, le brave curé donne l'ordre du départ à la petite caravane qui se dirige vers Chartres, par une route traversant un terrain inondé et que le froid a changée en glacière.

Quand il est arrivé à un endroit où les chevaux de ses compagnons ne peuvent avancer, le malin ecclésiastique pique des deux et disparaît, laissant derrière lui ses gardiens ébahis.

A une époque où les exempts et même les huissiers du roi croyaient encore à l'influence des bons et des mauvais esprits, cette adroite escapade contribua à la réputation naissante du fugitif, qui se réfugia dans le diocèse du Mans auprès de M. de la Vergue de Tessan, homme d'un esprit éclairé, quoiqu'on ne le soupçonnât point de connivence ni avec Nicole ni avec les appelants.

Comme l'abbé Thiers laissait en repos la bulle *Unigenitus*, on lui laissa la liberté d'attaquer une multitude de superstitions locales, telles que l'adoration du saint prépuce de Jésus-Christ. C'est auprès de ce prélat qu'il commença son *Traité des superstitions*.

De tous les inventaires qui ont été tracés et discutés soit au point de vue orthodoxe, soit autrement, celui de l'abbé Thiers est de beaucoup le plus complet.

Nous sommes étonné que ce curieux ouvrage n'ait point eu les honneurs d'une réimpression de notre temps.

Ayant fait sa paix avec les autorités royales, l'abbé Thiers fut nommé curé de Vibraye.

Mais les dévots de ce village ne voyaient pas sans quelques appréhensions un clerc attaquer des habitudes dont les paroisses tiraient profit; plus d'une fois, le troupeau de ce pasteur trop désintéressé fit mine de se révolter.

Dans ces occasions l'abbé Thiers retrouvait toujours le sang-froid et la bonne humeur à l'aide desquels on se tire facilement d'un mauvais pas.

Un certain jour, un grand nombre de ses ouailles quittaient l'église avec affectation.

Aussitôt l'abbé Thiers de monter en chaire : « Que le bon grain reste et que l'ivraie soit jetée au feu, a dit Notre-Seigneur. Or çà, que l'on ouvre les portes afin que rien n'empêche l'ivraie de sortir toute seule. »

Les mécontents surpris s'arrêtèrent, reprirent leurs chaises et écoutèrent l'office jusqu'au bout.

L'on a vu paraître dans ces derniers temps un grand nombre d'ouvrages sur la magie blanche sans que ni les Robert Houdin ni les Hoffman aient eu maille à partir avec leurs collègues dont les trucs étaient démasqués.

Mais Decremps, qui inaugura ce genre de littérature quelques années avant la Révolution française, fut moins heureux. On lui suscita une telle hostilité qu'il dut quitter Londres pour chercher à Paris un refuge contre la misère qui le persécutait.

Il n'y réussit point, car il mourut presque de faim à un âge très-avancé.

L'on commettrait une erreur grossière, en effet, si l'on supposait qu'il n'y a de confréries et de corporations dangereuses à attaquer que celles qui ont reçu l'autorisation du gouvernement.

Les niais et les dupes forment une armée bien autrement redoutable. Ceux qui sont tombés dans le même panneau reconnaissent en effet trop souvent un certain degré de fraternité, lorsqu'il s'agit de se venger de l'homme qui les a arrachés à l'erreur dans laquelle ils se complaisaient.

J'ai quelques raisons solides pour supposer que le mathématicien naïf qui a fait tant de bruit dans le monde académique, à propos des faux autographes de Pascal et de Newton, en voulait moins au misérable faussaire qu'au grand astronome dont la sagacité avait découvert une fourberie compromettant la science française aux yeux du monde entier.

Je m'imagine même que cet immortel a daigné comprendre dans sa colère le journaliste dont la plume satirique avait fait comprendre au vulgaire ce que la fable dont il se rendait l'éditeur avait de grotesque et de désopilant.

Nous devons citer avec honneur parmi les rangs de ces amis de l'humanité, le docteur Carpenter, un des plus dignes et des plus célèbres savants anglais. Car cet homme courageux rend en ce moment à la Société royale de Londres le même service que M. Leverrier a rendu il y a dix ans à l'Académie des sciences de Paris.

Gardien infatigable de l'honneur scientifique d'une compagnie célèbre, il l'empêche d'être entraînée dans la faute commise par un de ses membres les plus distingués.

Grâce à sa prévenante dialectique, les fautes de M. Crookes ne rejailliront pas sur l'assemblée dont il est membre. L'inventeur du radiomètre ne se servira pas de son influence sur ses confrères pour propager des doctrines qui sont la négation de toute science et de toute philosophie.

Puisse le docte Carpenter ne pas payer aussi cher que M. Leverrier le courageux et persévérant dévouement dont il fait preuve en ce moment pour la cause de la vérité !

CHAPITRE VII

LES ORACLES DU TAMIS.

L'abbé Thiers nous rapporte au chapitre III (vol. 1er, p. 55) que les marchands de miracles de son temps faisaient tourner à volonté un tamis. Ils n'avaient qu'à imposer les mains sur cet objet en récitant un psaume qu'il omet prudemment de citer.

En effet, si le bon abbé est certain que cette pratique est contraire aux prescriptions du Saint-Siège, il n'est pas bien persuadé que le psaume ne puisse opérer la merveille. Il ne veut rien faire pour faciliter une expérience sacrilége aux mauvais catholiques qui seraient assez ennemis de leur salut pour la tenter.

L'abbé Thiers nous apprend même que le tamis n'était point le seul objet que l'on pût faire tourner avec l'assistance des esprits. Il nous décrit un autre tour, qui est, je crois, encore en usage de la part de quelques charlatans spirites. Il nous enseigne à consulter un anneau pour savoir l'heure qu'il est. Inutile de dire que l'on pourrait appliquer le même procédé à obtenir des renseignements plus difficiles à se procurer. Pour opérer, il faut suspendre l'anneau a un fil que l'on presse entre le pouce et l'index et le tenir au milieu d'un verre contre les parois duquel l'heure doit être sonnée.

C'est de cette horloge économique que le bon abbé fait usage afin de bien démontrer que tous les tours de ce genre sont l'ouvrage du démon.

Les arguments qu'il rapporte méritent d'être reproduits.

Il les emprunte à un traité du cardinal Cajetan, prélat célèbre dans l'histoire des guerres de religion, qui représenta le Saint-Siége à Paris pendant tout le temps qu'Henri IV faisait la cour aux abbesses de Montmartre.

L'habile homme qui préluda à la fameuse procession de la Ligue dans laquelle tous les moines et tous les curés de la capitale parurent armés de pied en cap, sentit, dans un des moments de loisir que lui laissa le Béarnais, le désir de savoir ce qu'il fallait penser du sortilége de l'anneau.

Il se mit dans la position indiquée par l'abbé

Thiers, récita dévotement le psaume dont les spirites modernes ont trouvé le moyen de se passer, et attendit longuement.

Il n'obtint aucun effet, l'anneau ne reçut aucun mouvement.

L'abbé Thiers ne se hâte pas de conclure de cette expérience manquée que le psaume n'a aucune valeur, et que l'anneau ne bouge que quand le fil est entre les mains d'un escamoteur qui connaît le truc nécessaire pour le faire remuer.

« Comment, disait l'abbé Thiers avec beaucoup de force, le mouvement de la lune et du soleil pourrait-il forcer l'anneau à se heurter contre les parois du verre, puisqu'il n'y a rien de naturel dans la division de la journée en heures ? Comment se ferait-il que l'anneau battrait un coup à une heure, et non treize, pour compter les heures comme en Italie ? Serait-ce parce qu'à cause du moindre nombre de coups à donner, le sortilége serait plus facile à exécuter chez nous que de l'autre côté des Alpes, en Italie? » Voltaire, dans son *Dictionnaire philosophique*, n'a rien jamais dit de plus net, de plus vrai.

Nous avons vu marcher plusieurs fois avec succès l'horloge économique des spirites, et nous l'avons nous-même mise plusieurs fois en mouvement sans aucune difficulté, quoique nous ne sachions même pas le nom du psaume de l'abbé Thiers. Il est bien difficile en effet de voir le moment où l'opérateur donne le petit coup de pouce microscopique dont l'abbé Thiers et le cardinal Cajetan ignorent l'un et l'autre l'influence.

Les spirites contemporains ont donné à ce tour une forme un peu différente, sous le nom de pendule. Au lieu de sonner les heures dans un verre, ce qui n'est plus suffisant, ils font mouvoir l'anneau d'après les ordres d'un compère qui reste à distance du médium avec lequel il se prétend en communication mystérieuse, et qui tient entre ses doigts le fil portant l'anneau. On peut remplacer l'anneau, qui est peu commode et trop léger, par une clef, ou une montre : la seule condition indispensable, c'est que le poids de l'objet soit suffisant pour tendre la corde, et qu'il ne dépasse pas cependant une centaine de grammes. S'il en est ainsi, le mouvement de la circulation ne tardera point à imprimer de petites vibrations que l'on amplifiera facilement si l'on a la précaution de pincer le fil à l'instant où, dans son balancement, l'objet passera par la verticale du point de suspension.

Malheureusement, après avoir trouvé l'excellente raison que nous avons indiquée tout à l'heure, le bon abbé sent le besoin d'invoquer l'assistance de la théologie.

La principale, l'unique cause, qui a empêché l'anneau de s'agiter, dit-il, c'est que le cardinal Cajetan a récité le psaume pour le bon motif, avec l'intention de rendre hommage à Dieu et non dans le but de tourner l'Écriture en dérision, comme il est nécessaire quand l'on veut avoir une preuve de la puissance des mauvais esprits.

C'est à peu près ainsi que s'exprimèrent de notre temps les évêques qui condamnèrent la pratique de faire parler les tables comme contraire aux canons de l'Église, et non comme charlatanesque, absurde et menant à la folie.

Nous sommes persuadé qu'avec un peu d'habitude, chacun de nos lecteurs produira des effets que l'abbé Thiers et le cardinal auraient certainement considérés comme l'œuvre de Satan ; car la force nécessaire pour donner avec le temps une valeur notable à l'arc d'oscillation est tellement faible, qu'il est tout à fait impossible de s'apercevoir de la manœuvre, quelque près que l'on se trouve de l'opérateur.

La seule précaution indispensable, qui demande un peu de pratique, c'est de bien attendre le moment convenable pour lancer adroitement la petite impulsion afin qu'elle se totalise avec toutes celles que le fil a déjà reçues.

Il importe de rapprocher du même tour d'escamotage un autre plus compliqué que Decremps rapporte dans le *Dictionnaire encyclopédique des amusements des sciences*. Dans ce cas, il ne s'agit pas seulement de faire parler les esprits, mais l'opération est bien plus délicate. On présente en effet à la compagnie une douzaine de boîtes; l'on prie quelqu'un d'enfermer secrètement dans l'une d'elles un écu de cinq francs. On fait mettre successivement toutes les boîtes sur une table; puis, sans les ouvrir ni les toucher, on s'approche avec une baguette que l'on soutient sur les deux index. Quand on arrive à la boîte qui tient l'écu, la baguette se met à tourner rapidement.

L'explication que donnent les escamoteurs est que les mouvements de la baguette sont produits par les émanations métalliques.

Mais le tour se compose de deux parties distinctes.

La découverte de la boîte où la pièce de cinq francs est renfermée se fait à l'aide d'un mécanisme très-simple. Chacune des boîtes renferme un double fond soutenu par un ressort très-sensible. Le poids de la pièce fait descendre le ressort et sortir une petite pointe d'acier très-difficile à voir, mais que l'escamoteur aperçoit. En effet il sait quel est l'endroit précis où elle doit apparaître et par conséquent où il doit regarder.

Quant au tremblement de la baguette, il est produit par le tremblement des mains que l'on peut atténuer ou augmenter à volonté, car il est produit par la circulation du sang. Mais il n'est jamais visible lorsque l'on n'est point bien et dûment prévenu.

Si par hasard on était pris, Decremps donne de plus un conseil qui peut aider à se tirer d'embarras.

Il engage à soutenir alors que c'est l'émanation métallique de la pièce d'argent qui donne la fièvre, et fait trembler d'autant plus fort que l'on s'approche davantage de la boîte où la pièce d'argent a été emprisonnée.

Il n'y a que la découverte du double fond qui ne laisse guère d'autre parade que de décamper. Mais il est rare que pareille mésaventure se produise, tant ce tour est peu connu.

Nous ne tarderons pas à voir qu'il était

ignoré d'un des physiciens les plus perspicaces qui aient étudié la baguette divinatoire, dont il a été si souvent question dans ces dernières années.

CHAPITRE VIII

LES DÉBUTS DES TABLES TOURNANTES.

En janvier 1848, les premiers esprits frappeurs se firent entendre en Amérique dans la ferme d'un certain Fox, qui habitait Hyderville près de Newark dans l'État de New York, si l'on en croit une légende qu'il n'est pas inutile de rapporter avec quelques détails, et les bruits ressemblaient à ceux que l'on peut produire avec un marteau, ils paraissaient sortir de la boiserie. Sauf l'intensité, qui était plus grande, on les eût pris pour les coups mesurés que produit le petit insecte xylophage auquel on a donné le donné le nom d'horloge de la mort.

Le père Fox inspecta soigneusement la maison sans pouvoir deviner le lieu d'où les coups partaient et la cause qui les occasionnait.

Si les choses en étaient restées à ce point, le spiritisme n'eût point été créé.

Mais les esprits, qui depuis le commencement du monde désiraient se mettre en communication avec l'humanité, accompagnèrent cette manifestation de prodiges de nature à attirer l'attention sur ces craquements singuliers.

Les demoiselles Fox sentirent quelque chose de pesant sauter sur le lit qu'elles occupaient ensemble. Une des deux sœurs prétendit même qu'elle était certaine qu'une main froide avait frôlé sa figure.

Excitées par ces étranges évènements, ces filles conçurent une idée que les adeptes du spiritisme n'hésitent point à mettre à côté de celle de Newton quand il vit tomber la pomme, de Galilée quand il vit que le lustre battait la mesure devant l'autel du Très-Haut !

Elles imaginèrent, dit-on, de répondre par des coups aux coups qu'elles entendaient.

Voyant que ces chocs étaient répétés, elles convinrent de leur attribuer un sens et de s'en servir pour numéroter les lettres de l'alphabet.

Depuis lors les habitants de notre globe étaient en possession d'un moyen de communiquer d'une façon courante avec le monde des esprits.

Aucun écrivain spirite n'omet de rappeler

que cette révélation, qui rend inutile celle de la grotte de Lourdes, de la sainte montagne de la Salette, ou des toits de Pontmain, eut lieu dans la ville de Rochester. Un jour viendra peut-être où la maison du fermier sera vénérée à l'égard de celle de Lorette.

Mais ces doctes personnages oublient de faire remarquer que la grande découverte des sœurs Fox est contemporaine de celle de l'ingénieux Morse qui trouva un moyen moins chimérique de faire servir les *toc, toc*, à des communications incessantes entre les différentes branches de la grande famille humaine.

En effet, il suffit de posséder une dose médiocre de sens critique pour comprendre que la révélation des petites filles n'est qu'un écho de celle du grand inventeur.

Comme une aussi belle découverte ne pouvait rester enfouie dans une petite ville de la Nouvelle-Angleterre, les sœurs Fox se décidèrent à monter sur les planches, pour le bien de l'humanité.

C'est le 14 novembre de cette année à jamais célèbre qu'elles parurent à Rochester, devant un public émerveillé de la nature des manifestations extraordinaires auxquelles il assistait.

On soumit les deux sœurs à l'examen d'une

commission d'hommes considérés comme exceptionnellement compétents. Ils déclarèrent tout d'une voix que les deux sœurs étaient de bonne foi, qu'elles jouissaient de leur bon sens. Cet inestimable rapport, corroboré par une commission de femmes non moins unanimes, apporta dans toutes les parties de l'Union la nouvelle de cet événement inouï. L'électricité et la vapeur faisaient disparaître l'espace et le temps; le spiritisme, bien plus puissant encore, supprimait la mort qui n'existait plus depuis que les vivants pouvaient s'entretenir avec les esprits!

Partout la secte spirite fit des victimes.: jeunes et vieux, riches et pauvres, blancs et noirs, tous furent frappés. Les libre-penseurs eux-mêmes, largement atteints, fournirent un triste contingent à la contagion.

Dès 1851, l'invention des sœurs Fox était importée de ce côté de l'Atlantique par des missionnaires qui, connaissant bien l'échelle de la déraison publique des nations européennes, avaient pris passage sur un bateau allemand. Ils débarquaient à Brême, dans une des villes les plus corrompues de la grande nation. Ils y trouvaient si bon accueil que l'on pourrait appeler cette maladie mentale le *mal allemand* plus justement qu'une peste d'autre genre fut désignée sous le nom de *mal français*.

Comme on le voit par ce qui précède, il n'y a pas de constitution sage qui oblige les citoyens à ne point devenir fous. Les imposteurs trouvent moyen d'enchaîner leurs dupes quoique la loi reconnaisse et assure l'usage de toutes les libertés, mais c'est surtout dans les périodes troubles, à la veille des calamités publiques, que l'heure appartient aux charlatans.

L'arrivée des missionnaires spirites concorde en France avec le coup d'État perpétré par le prince-président. Aussi la doctrine nouvelle fut favorisée par un gouvernement anxieux de diriger l'attention publique sur des recherches éminemment propres à favoriser l'établissement du despotisme.

Elle prit en peu de mois un développement formidable, et elle fut longtemps sans pouvoir rencontrer d'adversaires.

Dans toute la France l'on se mit à faire parler les tables et à donner aux objets inertes la faculté dont les hommes s'étaient laissé si facilement priver. Après les tables vinrent les chapeaux, et quelques personnes eurent l'idée beaucoup plus pratique de se servir d'une plume pour correspondre avec les morts.

C'était un esprit généralement peu éloquent et peu sagace qui était censé guider la main de ces enthousiastes ou de ces charlatans. Leur pensée était tout à fait étrangère aux caractères que la main qui avait cessé de lui appartenir, ne traçait que pour le compte d'un défunt, d'un esprit remuant désirant faire part de ses impressions d'outre-tombe aux amis qu'il avait laissés sur notre humble demeure terrestre.

Ce genre de folie spirite est trop curieux et à produit trop de ravages pour qu'il n'ait pas les honneurs d'être traité dans un chapitre particulier.

CHAPITRE IX

SAVANTS DUPES.

On se tromperait grossièrement si l'on supposait que toutes les dupes sont des ignorants ou des hommes tout à fait affolés.

Comme les autres épidémies, cette maladie mentale s'attaque indistinctement à tous les humains, quels que soient leur sexe, leur fortune, ou leur état d'instruction.

Le spiritisme a fait des dupes sur le trône et ravagé les académies.

Un artiste peintre de mérite nommé Goldschmidt fut un des premiers astronomes qui s'avisèrent de chercher des petites planètes, il en découvrit environ une douzaine en quelques années.

Comme il était plus habile en ce genre d'exercice avec de méchantes lunettes que tous les veilleurs de l'Observatoire impérial, le bruit se répandit parmi les spirites que c'était l'esprit de Newton ou d'Herschell qui lui montrait les globes qu'il cherchait.

Son habileté à reconnaître les moindres changements de forme dans la figure des constellations zodiacales, et la dextérité avec laquelle il dressait la carte des régions qu'il examinait suffisent pour expliquer par des moyens naturels le miracle dont les adeptes s'ébahissaient !

Lors de la première enquête sur le magnétisme et sur les magnétiseurs M. de Jussieu, qui était membre de la commission, refusa obstinément de signer les procès-verbaux. Ses collègues durent passer outre et considérer son opposition comme nulle et non avenue.

Les magnétiseurs citaient avec orgueil parmi leurs adhérents l'ancien procureur général Servan qui prit leur défense avec une étonnante impétuosité.

L'homme qui après Puysegur mérite le mieux d'être considéré comme le successeur de Mesmer fut le naturaliste Deleuze, auteur d'un grand talent, traducteur d'un ouvrage du père de Darwin sur les amours des plantes. M. Chevreul faisait le plus grand cas de ce savant qui, comme nous le verrons plus bas, lui signala des faits dignes d'occuper sérieusement son attention.

Deleuze fut, lors du rétablissement de la censure, appelé par le gouvernement de la Restauration, à exercer à Paris ces difficiles et impopulaires fonctions. Il se tira de cette tâche ingrate et peu en harmonie avec le progrès des lumières de manière à s'attirer les éloges de beaucoup de libéraux contemporains.

Les ouvrages de Deleuze peuvent être cités comme un exemple de l'exagération dans laquelle peuvent tomber certains esprits systématiques quand ils sont lancés dans une voie mauvaise, et qu'ils veulent pousser jusqu'à l'extrême les conséquences de leurs opinions.

Aux yeux de Deleuze tout prêtre qui étendait les bras pour donner une bénédiction, tout père qui plaçait les mains sur la tête de son enfant, était un magnétiseur inconscient faisant appel, sans s'en douter, aux puissances mystérieuses de la nature que Mesmer avait révélées.

Il voyait des invocations et des passes magnétiques dans toutes les cérémonies de l'antiquité grecque et romaine, dans les bas-reliefs du Parthénon, dans ceux des obélisques et dans les figures du zodiaque de Denderah.

Des écrivains spirites plus récents placent dans la liste des adeptes du magnétisme le célèbre OErsted, non sans motif probablement.

Le révérend Lee, auteur d'un ouvrage épileptique sur le spiritisme, citait à plusieurs reprises il y a quelques années déjà avec un véritable orgueil M. Crookes qui, à cette époque, n'était encore qu'un habile chimiste auquel on devait la découverte du thallium, laquelle aurait déjà suffi pour l'immortaliser.

Depuis lors M. Crookes a découvert le radiomètre, admirable instrument dont les principes inexpliqués intriguent en ce moment même tous les savants, et qui, depuis deux ans qu'il existe, a fait éclore un nombre étonnant de théories singulières dont nous aurons à parler plus tard dans un ouvrage que nous préparons en ce moment.

Le révérend Lee ignore sans doute qu'un homme beaucoup plus célèbre que M. Crookes ne le deviendra probablement fut également un adepte passionné du magnétisme. On peut affirmer qu'il ne se serait pas moins épris du spiritisme s'il vivait encore de notre temps.

L'homme illustre dont le révérend Lee oublie d'invoquer l'autorité n'est autre que l'incomparable Ampère.

Le génie de ce physicien nous a révélé tant de phénomènes curieux, bizarres, imprévus, il a rendu tant de services à la science que sa gloire ne peut être diminuée par la crédulité dont il a fait preuve, et que par conséquent nous pouvons nous exprimer sur son compte en toute liberté.

Mais l'adhésion d'Ampère n'est pas de nature à augmenter d'un atome la foi qu'il faut ajouter aux exercices des médiums et des magnétiseurs.

En effet, l'histoire nous apprend qu'il était d'une crédulité enfantine, naïve, qui est devenue proverbiale et qui n'avait d'égale que sa bonne foi et sa simplicité.

Il était en outre excessivement myope, à peine s'il voyait assez clair pour se conduire, avant d'avoir eu l'idée, ce qui lui arriva assez tard, de mettre des lunettes; cette révélation lui causa plus de surprise et de joie que toutes ses grandes inventions.

Il vivait concentré en lui-même, et toutes ses merveilleuses découvertes étaient faites par le seul calcul et grâce à son étonnante puissance de raisonnement.

Nous engageons les personnes curieuses de faire connaissance avec le bon Ampère à lire ce que son fils et son collaborateur Arago en ont écrit.

On sera obligé de convenir que les magnétiseurs n'ont pas eu de peine à lui faire croire qu'ils voyaient avec leurs genoux ou avec leurs dos plus clair qu'il ne voyait avec les yeux dont la nature lui avait fait présent.

Si l'on persistait par hasard à invoquer son témoignage, nous répondrions par l'interminable série des mystifications dont il fut l'objet pendant presque toute la durée de sa vie.

Avant de confesser que la gloire que M. Crookes s'est acquise en inventant le radiomètre peut profiter à son client M. Home, nous demanderons que l'on veuille bien commencer par nous dire s'il a réellement de bons yeux, qualité essentielle pour discerner des fraudes communes par des médiums qui ont généralement bon pied, bon œil, et le plus souvent, si nous en pouvons juger par M. Home, l'œil bien fendu.

Depuis que nous avons soulevé cette question dans le *Journal d'hygiène*, on sait que tous les conducteurs de trains ne sont point aptes à discerner les disques rouges des disques bleus. Dans un grand nombre de compagnies de chemins de fer on fait passer un examen spécial aux chauffeurs et aux mécaniciens pour s'assurer qu'ils ne sont point affligés de daltonisme.

C'est bien le moins que l'on fasse subir une épreuve analogue aux hommes qui veulent nous guider sur des rails autrement glissants que ceux de nos chemins de fer, car si notre vie n'est point en question, c'est notre raison qui peut périr dans un affreux déraillement.

M. Crookes est aidé dans sa croisade par un naturaliste habile qui a eu l'honneur de présider une des sections principales de l'Association britannique dans une de ses dernières sessions. Cependant la réputation de M. Wallace empêche-t-elle son client le docteur Slade d'avoir été pris la main dans le sac comme nous aurons à le rapporter ?

Mais si le spiritisme n'a rien à gagner à ces aberrations de gens sinon tous illustres, du moins tous célèbres, on doit dire que la renommée de quelques-uns d'entre eux est grandement endommagée par la crédulité persistante et maligne dont ils font preuve.

Des censeurs jaloux pourraient rechercher par quelles causes secrètes ils se lancent dans des polémiques désespérées.

Les savants animés des intentions les meilleures ne sont pas toujours en état de deviner les sortes de charades scientifiques que les médiums ou les marchands de miracles leur proposent. Ainsi l'on a vu Bailly, Franklin, Arago, Babinet, le vénérable Chevreul, Faraday, le docteur Carpenter, le comte Agénor de Gasparin et d'autres hommes célèbres obligés d'accepter comme à peu près authentiques des faits contre lesquels leur raison se révoltait, et se trouver involontairement dans la position du docte personnage appelé à examiner la mâchoire du jeune Muller.

Mais on peut heureusement dire que le dentiste finit toujours par se trouver, quoique quelquefois il fasse attendre assez longtemps son arrivée.

Certainement rien n'est plus vrai que de dire que l'ignorance est en soi favorable au règne de la superstition. Pour combattre les croyances absurdes, aucun remède n'est évidemment plus efficace que d'éclairer les esprits qu'elle menace d'envahir, ou ceux dont elle s'est déjà emparée.

Cependant il serait également absurde de croire que l'instruction proprement dite soit le seul remède, si elle n'est accompagnée d'une certaine dose de bon sens et de sagacité.

Des hommes qui ne connaissent pas leur alphabet peuvent découvrir des fraudes échappant aux docteurs des quatre facultés.

Dans beaucoup de cas qui semblent désespérés, si l'on se borne à employer la science et la logique, d'autres armes fournissent à la raison une enquête facile.

On peut dire que l'escamotage ressemble souvent à la lance d'Achille et guérit les blessures que l'escamotage a faites.

C'est ainsi que nous verrons les Robertson, les Robert Houdin, les Robin, les Maskelyne, les Cleverman garantir l'esprit public contre les escamotages des frères Davenport et d'autres charlatans auxquels les professeurs de physique laissaient le champ libre.

Nous terminerons par rappeler que, malgré l'évidence écrasante, M. Michel Chasles défendait son faussaire avec une incroyable opiniâtreté, que MM. Crookes et Wallace sont loin encore d'égaler.

Il présentait à la première assemblée scientifique du monde entier des lettres de Marie-Madeleine, et même, si j'ai bonne mémoire, des autographes de Jésus-Christ. Il fallut l'intervention du parquet pour mettre fin à cette farce scandaleuse qui a couvert la compagnie d'une honte dont la triste auréole ne s'est point encore dissipée.

C'est lorsqu'elles ont vu Vrain Lucas traduit en police correctionnelle que certaines personnes ont ouvert les yeux.

Les enquêtes judiciaires se font en effet avec des moyens d'investigation dont les simples particuliers ne disposent pas.

Si le gouvernement était disposé dans les cas suspects à saisir la boutique des marchands de miracles, à faire des descentes sur les lieux, à visiter les escamoteurs, à scruter leurs antécédents, à filer leurs compères et à les mettre au secret, bien des mystères encore obscurs deviendraient limpides comme de l'eau de roche.

CHAPITRE X

LA BAGUETTE DIVINATOIRE.

Le 21 mars 1853 l'Académie des sciences nomma une commission composée de MM. Chevreul, Boussingault et Babinet pour examiner un mémoire de M. Riondet (du Var) sur la *baguette divinatoire employée à la recherche des eaux souterraines*. Ces phénomènes peuvent s'expliquer comme nous l'avons fait à la fin du chapitre VII ; mais il n'est pas hors de propos de dire quelques mots du rapport que M. Chevreul rédigea à cette occasion.

Le savant chimiste fait remarquer que dans la Bible le bâton, la verge ou la baguette sont employées maintes fois de manière à montrer que, dans l'esprit des rédacteurs de ce livre, ces objets possédaient une influence extraordinaire. Il rapporte à l'appui de sa thèse l'exemple de Moïse et d'Aaron qui produisent leurs miracles devant Pharaon, à l'aide de leur baguette, et de

Moïse qui fait naître une source dans le désert en frappant le rocher d'Horeb.

C'est même ce dernier événement biblique qui détermina probablement certains mystagogues à chercher dans la baguette en coudrier un moyen de révéler la présence des sources cachées.

Nous ne suivrons pas l'auteur dans toutes les citations qu'il a accumulées, nous nous contenterons de renvoyer à son ouvrage ou au livre XII de la *Physica curiosa* du père Gaspard Scholt, auquel il a fait plus d'un emprunt.

Il y aurait toute une bibliographie à faire si nous cherchions à indiquer les auteurs qui depuis quatre siècles se sont occupés de la baguette, et dont M. Chevreul a réuni les noms; aussi nous contenterons-nous de renvoyer aux traités de magie blanche cités plus haut.

Après avoir raconté avec détails les principaux incidents des controverses oubliées auxquelles la baguette a donné lieu, M. Chevreul croit inutile de procéder à des expériences directes.

Mais il nous montre, en résumant les différentes opinions émises, que la question de la baguette doit être considérée comme tout à fait épuisée.

Il paraît en effet difficile de citer une hypothèse que des esprits trop féconds et trop ingénieux n'aient point déjà imaginée et soutenue avec l'acharnement que l'erreur inspire au moins aussi souvent que la vérité.

Les explications données du mouvement de la baguette ont été si nombreuses que nous pourrions dresser une liste de ceux qui y ont vu l'effet des puissances cachées.

Les uns ont supposé qu'elle pouvait être mise en branle par l'action directe de la Divinité.

La plupart ont écrit qu'elle était animée par des démons. Quelques-uns au contraire ont incliné à penser que c'était l'action des anges qui se manifestait ainsi. Il y en a qui ont cru qu'il suffisait de l'action de l'esprit de l'homme, pour lui imprimer un mouvement véritable par l'influence de la volonté, à distance et sans intermédiaire mécanique.

Une catégorie d'écrivains plus sages ont eu recours à des causes physiques.

Ceux-ci ont supposé que la baguette obéissait à un fluide impondérable et ont eu successivement recours à l'électricité, à l'électro-magnétisme, au fluide vital, etc., etc.

C'est dans cette série que se rangent la plupart des auteurs contemporains.

Car les progrès de la raison publique influent sur les auteurs les plus disposés à la crédulité. Il en est peu qui ne sentent la nécessité de déguiser leurs miracles en les habillant à la mode du temps.

Dans les temps les plus anciens on s'en tenait à une sympathie ou à une antipathie vague, explication banale qui a suffi pour contenter les péripatéticiens, mais qui aurait peu de succès dans le siècle positif où nous vivons.

Un peu plus difficile on devint alors que l'on comprit le mécanisme de l'odorat, et que l'étonnante divisibilité de la matière se trouva mise en évidence. On eut successivement recours, mais d'une façon également peu satisfaisante, à des corpuscules ; puis, comme les corpuscules ne paraissaient pas suffisamment petits, à des vapeurs, et enfin, comme les vapeurs elles-mêmes ne suffisaient pas, à la matière subtile.

Robert Houdin et Decremps ont eu connaissance de cette dernière explication qui leur paraît des plus plausibles puisqu'ils la mettent dans la bouche de l'escamoteur pris en flagrant délit. Ces théories folles n'ont pas besoin d'autre condamnation !

Saisissons cette occasion pour faire remarquer encore une fois qu'on a le droit d'être sceptique lorsque l'on s'occupe de sujets pareils. Le premier mouvement, pour être le bon, doit être de tenir les opérateurs très-véhémentement en suspicion.

Avant d'arriver devant l'Académie des sciences en 1855, la baguette divinatoire avait été employée dans une infinité de circonstances différentes; M. Chevreul nous apprend qu'on avait voulu la faire servir non-seulement à la découverte des sources, mais encore à celle de l'or et aussi à celle des assassins.

Malgré sa tendance peut-être trop grande pour suspecter la bonne foi des personnes dont il est appelé à discuter le témoignage, le savant chimiste ne peut s'empêcher de tourner en ridicule la prétention de faire servir un simple morceau de bois à tant d'opérations incompréhensibles et mystérieuses.

Il se serait épargné bien des peines s'il avait écarté *à priori* un grand nombre d'histoires manifestement aussi absurdes que les contes des métamorphoses d'Ovide.

Hâtons-nous cependant d'ajouter que la science n'a point à regretter la peine prise par M. Chevreul, qui n'eût peut-être pas écrit un beau livre s'il avait été persuadé à l'avance qu'il n'avait à démasquer que des charlatans.

En outre, l'étude de la baguette divinatoire l'a conduit à celle du pendule explorateur, forme nouvelle du tamis du bon abbé Thiers et de l'anneau de Cajetan. Les recherches, dont nous allons immédiatement nous occuper, lui ont fourni de plus l'occasion de découvrir des faits du plus haut intérêt qu'il n'eût pu aborder s'il n'avait commencé par s'exercer sur un sujet moins compliqué.

CHAPITRE XI

LE PENDULE EXPLORATEUR.

En 1798 Antoine-Claude Gerbain, professeur à l'école de médecine de Strasbourg, publia des *Recherches sur un nouveau mode d'action électrique*, indiqué déjà par le père P. Schott dans sa *Physica curiosa*, (livre XII, p. 1531, 1662) et par le père Kircher dans le *De mundo subterraneo*, 1678 (1).

Ritler, Schilling, François Baader se livrèrent à ce genre d'expériences d'après les indications que leur donna Fortig.

Le célèbre Œrsted paraît ne pouvoir expliquer que par le magnétisme animal ces phénomènes auxquels M. Chevreul fut le premier à appliquer l'expérimentation scientifique.

(1) Des phénomènes analogues paraissent avoir été connus des anciens, si l'on en juge par un récit très-curieux que fait Ammien Marcellin, d'une conspiration contre l'empereur Valens, l. XXIX, ch. 1. voir le 3ᵉ volume de la traduction de l'abbé de Marolles et la traduction plus récente de Moulines, également 3ᵉ volume.

Le pendule dont se servait l'illustre chimiste était un anneau de fer suspendu à un fil de chanvre. Ayant saisi le fil de la main droite, il le suspendit, successivement, au-dessus d'une enclume, d'une masse de mercure et d'un animal vivant.

Quelle ne fut pas sa surprise en s'apercevant qu'au-dessus de ces corps son pendule s'agitait visiblement ?

Les oscillations cessaient de se produire lorsqu'on interposait une plaque de verre, un gâteau de résine ou des substances que l'on considère comme étant isolantes au point de vue de la chaleur et de l'électricité.

La première idée qui se présenta à l'esprit de l'habile expérimentateur fut de supposer que le phénomène était produit par l'oscillation du bras comme dans l'expérience que nous avons rapportée sur l'anneau de l'abbé Thiers.

En conséquence, M. Chevreul fit construire un support mobile en bois, qu'il faisait avancer à volonté de l'épaule à la main.

Il ne tarda point à reconnaître que le mouvement du pendule décroissait à mesure que l'appui s'avançait vers ses doigts. Il était tout à fait nul quand ses doigts eux-mêmes se trouvaient appuyés.

M. Chevreul eut l'occasion de faire en 1812 ces expériences concluantes, mais dont, pendant trente-quatre ans, il ne s'occupa plus.

Il ne publia ces faits que vingt ans après dans la *Revue des Deux Mondes*, sous forme de lettre adressée à l'illustre Ampère.

Il les réimprima en 1846 dans le numéro du 14 décembre des *Comptes rendus* de l'Académie des sciences à propos d'une communication faite dans la séance précédente par deux ingénieurs des ponts et chaussées.

Mais M. Chevreul ne s'est point arrêté aux explications précédentes, il a été plus loin à l'aide d'observations simples que chacun peut répéter. Il a en effet constaté, découverte importante de physiologie, que la vue d'un corps en mouvement produit sur nous une sorte de tendance instinctive à bouger.

Ainsi, lorsque l'attention est entièrement fixée sur un oiseau qui vole, sur une pierre qui fend l'air, sur de l'eau qui coule, on se déplace involontairement, le corps du spectateur se dirige toujours d'une façon plus ou moins prononcée vers le mobile observé.

Lorsqu'un joueur de boule ou de billard suit de l'œil le globe auquel il a imprimé un mouvement, il ne reste pas immobile.

Instinctivement il porte son corps dans la direction qu'il désire voir prendre à l'objet qu'il a poussé ; on dirait qu'il croit le diriger encore vers le but qu'il a cherché à atteindre.

Une expérience bien simple qui est suggérée à M. Chevreul par les prémisses qu'il a si nettement posées, est de suspendre le pendule explorateur en gardant les yeux fermés ; mais il a reconnu qu'en prenant cette précaution le pendule reste constamment en repos. Il n'offre plus de ces mouvements singuliers d'oscillation tantôt à droite, tantôt à gauche, suivant la forme ou la nature des objets au-dessus desquels on le tient suspendu. Ne totalisant pas instinctivement des mouvements involontaires, l'opérateur ne peut plus se tromper lui-même, et aucun phénomène extraordinaire ne se produit plus entre ses mains.

CHAPITRE XII

MONSIEUR ALLAN KARDEC.

Le dernier apôtre du spiritisme français est un ancien maître d'école, né à Lyon, où il se faisait gloire d'avoir été l'élève du célèbre démocrate Pestalozzi.

Cependant il ne se vantait point d'avoir écrit dans la première partie de sa carrière quelques modestes ouvrages d'arithmétique et de grammaire.

Quand il crut pouvoir servir d'intermédiaire entre les habitants de notre humble planète et les esprits des autres zones, il quitta son nom bourgeois d'Hippolyte-Léon Denizard Rivail, qu'il changea en celui d'Allan Kardec, sous lequel il s'est acquis la notoriété peu enviable qui s'attache à tous les grands charlatans.

Sa vocation spirite date à peu près de l'invention des tables tournantes; elle comprend à peu près toute la période impériale, car il ne mourut que peu de temps avant l'année terrible où la France devait payer d'un seul coup dix-huit années de folie.

Cette circonstance nuisit à sa doctrine, car le prétendu disciple qui ambitionnait sa succession, et qui était déjà reconnu comme un des chefs de son église, renonça prudemment aux entreprises charlatanesques qui l'avaient fait connaître. Il eut le bon esprit de mettre sur son propre compte les livres fort intéressants qu'il rédigea. Il n'en fit pas honneur aux esprits.

Le retour à la raison de ce personnage donna aux études spirites en France un coup dont il faut espérer qu'elles ne se relèveront jamais. Car sous l'influence d'une éducation populaire plus large, plus scientifique, on apprend à raisonner plus sainement. Les ruses et les subterfuges qui réussiraient à une autre époque perdent incontestablement une partie de leur venin. Les esprits émancipés deviennent rebelles aux théories chimériques qu'il faut conserver dans l'histoire comme un témoignage du degré d'abrutissement public auquel peut conduire le défaut de liberté.

L'instinct pédagogique du maître d'école n'avait pas abandonné Allan Kardec dans sa nouvelle profession.

Ses livres se distinguent par une grande méthode et une sorte de clarté.

Jamais docteur spirite n'a énoncé plus ouvertement la prétention d'assujettir les rapports des hommes avec les esprits des morts à des lois régulières, constantes, naturelles.

Allan Kardec est l'ennemi du miracle, il ne croit pas que Dieu ait jamais interverti les lois de la nature.

Que saint Cupertin ait fait enlever des objets matériels ou se soit enlevé lui-même sans ballon, par la force de ses invocations, il n'y croirait pas sans son expérience personnelle, s'il n'avait vu M. Home et d'autres spirites en faire autant par l'application des pouvoirs naturels dont ils sont dépositaires. Le fait n'est pas plus surprenant pour ce grand docteur que de voir un aimant enlever un morceau de fer.

Mais l'auteur sagace du livre des *Mediums* n'admet point que Josué arrête le soleil, et, dit-il très-sagement dans sa partie préliminaire, un tel miracle dépasse la puissance dont les médiums sont armés.

Ce livre renferme des prescriptions très sages que les médiums contemporains d'Angleterre se sont admirablement appropriées et qu'ils rééditent constamment dans leurs journaux spéciaux en les améliorant ou les rafraîchissant.

Allan Kardec prévient en effet ses disciples que le volume de la table sur laquelle on opère est pour quelque chose dans la facilité avec laquelle on arrive à la faire tourner. Cependant, quand la puissance *médianimique* est suffisante un enfant suffit pour la suspendre au plafond pesât-elle plus de 100 kilogrammes. Dans des circonstances défavorables, douze personnes ne suffiraient pas pour enlever le plus léger guéridon.

On comprend en effet qu'une table voltige facilement en l'air quand on la suspend avec un fil d'acier assez résistant et que tous les médiums du monde ne suffisent pas pour lui faire quitter terre quand le fil n'a point été accroché par un habile compère, au moment où les ténèbres nécessaires à toute invocation, ont commencé à envahir l'appartement.

Allan Kardec fait remarquer que les tables qui se soulèvent de la sorte, retombent quelquefois si brusquement qu'elles se brisent, afin de prouver que les spectateurs n'ont point été le jouet d'une illusion d'optique, ajoute notre auteur avec une naïveté comique. Il faudrait dire qu'en tombant d'assez haut, l'appareil se disloque et qu'il devient plus difficile de se rendre compte du truc dont on a été victime.

Ce tour est des plus simples et des plus faciles à exécuter, puisque le fil d'acier, fin comme un cheveu arrive par un trou invisible dans l'étage supérieur où se tiennent les hommes chargés de suspendre la table tout le temps que le médium voudra la voir collée au plafond. Le plancher de la chambre où l'on opère les merveilles peut également avoir été machiné. On opère alors une merveille beaucoup plus grande, mais il faut que les dupes soient bien aveugles pour ne point s'apercevoir du truc : car la table est mise en mouvement à l'aide d'un axe d'un diamètre aussi notable que celui d'une machine à vapeur. Le prestige ne peut s'exécuter qu'à l'aide de constructions délicates, dispendieuses, laissant des traces permanentes, ne se pouvant dissimuler autrement.

Les opérateurs ne faisaient plus tourner la table, et étaient placés sur des sièges adhérents à la table ; c'était la table qui les faisait tourner.

Pour juger de l'effronterie des propagateurs de ce système, il est indispensable de citer le sans-façon avec lequel le rédacteur de l'*Union médicale* qui décrit le miracle va au-devant des objections.

« De semblables appareils, s'ils sont jamais importés aux Champs-Élysées et dans les bals publics, compromettront l'industrie lucrative des chevaux de bois et des fauteuils tournant sur pivot.

« O progrès ! ô civilisation ! ô sciences ! où donc s'arrêteront vos prodiges ! » O sottise humaine ! dirons-nous, où t'arrêteras-tu ? Car cette idiote expérience a été répétée à Paris devant le rédacteur en chef de la *Presse médicale*, et ce docteur a écrit une longue lettre approbative à l'auteur du livre étrange d'où nous extrayons ces détails, médecin diplômé auquel la Faculté a donné le droit d'empoisonner les gens.

Allan Kardec, qui se pique de philosophie, n'est arrêté par aucun des problèmes qui tiennent en suspens l'esprit humain.

Il nous apprend que l'âme possède après la mort un fluide qui lui est propre et qu'il nomme son périsprit ; que la mort a lieu d'une façon graduelle, que l'esprit se dégage du corps et qu'il ne s'en échappe pas brusquement comme l'oiseau sort de sa cage lorsqu'on lui rend sa liberté.

M. Figuier, dans le *Lendemain de la mort*, a résumé cette doctrine qu'il a donnée sans son nom, prouvant avec raison qu'il pouvait au lendemain de la mort d'Allan Kardec piller un peu un homme qui n'avait rien en propre, puisque tout lui venait des esprits.

En réalité la majeure partie des divagations d'Allan Kardec et de ses consorts sont inspirés par Swedenborg, un visionnaire du siècle passé, qui lui a servi de modèle et dont il convient de dire quelques mots.

Ce personnage, né à Stockholm le 29 janvier 1688, était déjà célèbre par un assez grand nombre d'ouvrages scientifiques lorsque, se trouvant à Londres dans le courant de l'année 1743, il lui sembla apercevoir la figure du Tout-Puissant semblable à un vieillard d'aspect vénérable en même temps que terrifiant.

Depuis lors Swedenborg abandonna toutes les occupations temporelles. Il se livra uniquement à ce qu'il appelait le commerce des esprits.

Il vécut jusqu'en 1772, époque où il fut frappé à Londres même d'une attaque d'apoplexie ; cet enthousiaste a laissé un nombre considérable d'ouvrages qui sont considérés comme parole d'évangile par une secte d'illuminés fort répandus et fort actifs. Ils ont des lieux de réunion dans une multitude de villes où ils adorent

Dieu à la manière que leur a indiquée ce nouveau Mahomet.

De bonne foi ou non, Swedenborg est le parfait modèle de tous les charlatans qui prétendent faire parler les esprits, car il n'y en a probablement aucun qui ait si intrépidement étendu au monde infini des astres les passions qui l'agitaient.

Melanchthon n'a pas voulu lui répondre, mais des esprits indiscrets ont révélé qu'il est couvert d'une peau d'ours et condamné de plus à se tenir sous une voûte toute crevassée.

Louis XIV est élevé en dignité, et règne dans l'autre monde sur une société de ses anciens sujets, uniquement parce qu'il s'est montré plein d'affabilité lorsqu'il l'a interrogé.

Les Français ont aussi une certaine quantité de Paris, et les Suédois eux-mêmes ont des Stockolm à leur disposition.

Il n'y a rien qui échappe à la vue persévérante de Swedenborg, car il connaît aussi bien les habitants des autres planètes que ceux de la terre, auxquels du reste ils ressemblent énormément. Il y a, en effet, dans l'autre monde un grand nombre de villes semblables à Londres, mais qui sont presque exclusivement réservées aux Anglais.

Ces plates inventions ont donné lieu à mille méprises et aventures burlesques.

Qu'il nous soit permis d'en citer une que nous empruntons à Grégoire dans son *histoire des sectes religieuses*.

Lavater ayant entendu dire que Swedenborg avait commerce avec les morts lui écrivit le 24 août 1768, pour avoir des nouvelles d'un sien ami, Félix Hess, qui avait disparu et auquel il avait songé en rêve le 1ᵉʳ juin précédent.

Pendant nombre d'années les séances de spiritisme ont été à la mode comme l'étaient celles de magnétisme une trentaine d'années auparavant.

La fabrication des pièces électriques à l'usage des manifestations spirites est devenue une industrie très développée des deux côtés du détroit.

Il est même arrivé à Londres un incident qui a beaucoup nui à l'industrie spirite d'Allan Kardec.

Un honnête industriel qui s'adonnait avec succès à la confection des petits marteaux destinés à simuler les bruits surnaturels, et autres accessoires du métier, fit en 1869 dans le *Times* des annonces pour augmenter sa clientèle et faire savoir qu'il était prêt à fournir le matériel nécessaire à toute espèce de manifestation.

Cette annonce ayant été recueillie dans les colonnes de la *Liberté* où nous écrivions alors, nombre de nos lecteurs ouvrirent les yeux, et un certain nombre de disciples d'Allan Kardec eurent maille à partir avec leurs auditeurs.

L'énumération soigneuse de tous les tours des spirites pendant cette période d'aveuglement serait bien moins instructive que celle des explications scientifiques qui ont été tentées.

Toutefois, nous tenons à répéter de nouveau que la plupart des phénomènes sont ou exagérés par les écrivains qui les rapportent, ou le produit de la supercherie.

Si l'on négligeait cette dernière réserve on s'exposerait au reproche sérieux de tomber dans une ridicule et sotte crédulité.

Magnétiseurs et spirites ressemblent fort au Lacédémonien Lysandre, qui ne négligeait jamais de coudre la peau du renard, pour atteindre les endroits où la peau du lion ne pouvait arriver.

CHAPITRE XIII

COMMENT L'ESPRIT VIENT AUX TABLES

Babinet, examinant le sujet dans le second volume de ses *Études et lectures*, fait remarquer avec beaucoup de bon sens (p. 25, en note) que les portes de l'Académie des sciences sont ouvertes toutes les séances du lundi, qu'un expérimentateur quelconque peut écrire une lettre dont le titre est publié si le contenu n'en est analysé. « Que quelqu'un arrive avec l'annonce : qu'au moyen de tant de médiums qu'il voudra, mais *sans contact et à distance*, il suspend en l'air sans autre support que la volonté un corps pesant plus compacte que l'air et tout à fait en repos, si son assertion est reconnue vraie, *il sera proclamé le premier des savants du monde entier.* »

Le spirituel physicien ne demande pas, pour être convaincu, à Allan Kardec de lui montrer des hommes soulevés de manière à toucher le plafond avec leur tête, et que l'on ramenait en bas en les tirant par les pieds.

Son ambition est moins grande. Il se contente de voir planer en l'air une petite pièce d'or, un dollar américain, ou la plus petite parcelle d'une pièce de cinq francs. Mais il demande que l'expérience se fasse en public et qu'on n'aille point chercher la preuve que le fait a pu avoir lieu dans le récit des ascensions du prophète Élie ou de Notre-Seigneur Jésus-Christ.

La théorie que donna Babinet pour expliquer les mouvements des tables, sans mettre en cause la bonne foi des opérateurs, est assez curieuse.

Tous les mouvements musculaires de la main sont déterminés par des leviers dans lesquels la force agit sur un point très voisin du point d'appui, tandis que la main en est très éloignée. Il en résulte que l'opérateur peut imprimer à cette partie du corps une très grande vitesse, et cela par une contraction presque insensible, s'il suffit pour l'effet qu'il veut produire qu'elle parcoure un chemin très peu étendu.

Dans l'art de l'escrime on profite de cette propriété, et tout tireur qui sait rester couvert en ne faisant faire à l'épée que de très petits mouvements est excessivement dangereux. Si l'arme dans ces petites excursions se trouve à son point de départ, il est irrésistible.

Les escamoteurs savent également se servir de cette propriété dynamique pour lancer des objets légers avec tant de vitesse qu'on ne les voit pas passer.

L'Éclipse, fameux cheval anglais qui parcourait 1,610 mètres par minute et qui est resté sans rival, ne remportait tous les prix que parce qu'ayant de très petites jambes, il les pouvait remuer avec une incomparable vitesse ; il faisait de très petits bonds, mais excessivement rapides et excessivement fréquents.

C'est parce qu'elle savait employer la détente de ses muscles, que mademoiselle Angélique produisait des effets dynamiques surprenants. La chaise de bois blanc qu'elle renvoyait avec violence, sans y toucher autrement que par la partie la plus proéminente et la plus charnue de sa personne, se trouvait quelquefois brisée contre les murs (1).

(1) On voit actuellement dans les foires une femme torpille qui se nomme la belle Dora. Elle donne de véritables commotions électriques aux amateurs qui viennent lui toucher les mollets. Mais cet effet fort habilement exécuté n'est obtenu qu'à l'aide d'un truc excessivement simple. Une bobine de Rhumkorf est en action sous l'escabeau dont Dora a soin de ne pas descendre. En venant la toucher la personne qui veut s'assurer de son pouvoir magique vient compléter le circuit.

M. Babinet explique de la même manière l'effet prodigieux que produisent si aisément les oiseaux quand ils volent en planant. C'est alors que leurs ailes paraissent immobiles qu'elles frappent l'air avec le plus de rapidité.

C'est à l'influence des toutes petites impulsions données par le médium d'un façon consciente et par ses dupes d'une façon inconsciente que Babinet attribue tout le mouvement que prend la table sans cause apparente, et sans que les observateurs les plus soupçonneux voient les mains du médium bouger.

On peut expliquer de la sorte comment certains opérateurs qui résistent inconsciemment à l'action mécanique exercée par le médium peuvent empêcher l'action mystérieuse de se produire, et comment certains autres peuvent être considérés comme étant des compères malgré eux.

Il est certain, *à priori*, comme le dit encore avec beaucoup de raison Babinet, que si le mouvement se créait sans force motrice dépensée, toute la mécanique tomberait à néant.

Les phénomènes de rotation des tables ne sont en réalité qu'une forme détournée de cette chimère qui se nomme le mouvement perpétuel.

Nous dirons comme M. Léon Foucault, qui alors tenait le feuilleton scientifique des *Débats :* « Le jour où l'on ferait bouger un fétu de paille sous la seule action de ma volonté, j'en serais épouvanté.

« Si l'influence de l'esprit sur la matière n'expire pas à la surface de l'épiderme, il n'y a plus en ce monde de sécurité pour personne. »

Le comte de Gasparin, ancien membre de la Chambre des députés, auteur connu par un grand nombre de publications économiques et philanthropiques, a consacré à l'étude des *tables tournantes* deux gros volumes fort intéressants.

Malheureusement l'auteur, qui ignorait les ressources de la physique et de l'escamotage, s'est laissé entraîner à consacrer un temps précieux à l'examen de phénomènes qui ne méritaient pas cet honneur ; malgré sa bonne foi et sa sagacité il a été quelquefois dupé par des trucs dont il ignorait jusqu'à la possibilité et qui depuis sont devenus vulgaires.

Nous avons le droit de considérer comme apocryphes le petit nombre de faits que cet auteur, animé d'intentions excellentes, a consignés dans son ouvrage comme ayant été contrôlés par lui.

On lui doit en tous cas quelques remarques

fort utiles sur la nécessité absolue dans laquelle se trouve le médium de toucher l'objet. Il ne peut rester à distance, quand ce serait une feuille de papier qu'il s'agirait de faire bouger.

Il faut de plus que le contact soit bien intime ; en effet le comte d'Oucher en France, et Faraday en Angleterre sont parvenus à empêcher tout mouvement de se produire en couvrant la table de poudre de mica, et même en mettant sous les doigts du médium soit un plateau, soit une feuille de papier.

Il est vrai que les dupes se sont récriés bien fort qu'en agissant de la sorte on empêchait le fluide médianimique de se communiquer à la table. Mais on en conviendra, ce qu'il y a de mieux à faire, c'est de les laisser crier.

M. de Gasparin cite encore à l'appui de ces conclusions deux expériences décisives de l'illustre Faraday.

La première consiste à superposer quatre ou cinq morceaux de carton à surface polie entre chacun desquels il plaçait de petites pelotes d'un mastic de cire et d'huile. Le carton inférieur portait sur une feuille de papier de verre appliquée sur la table. Les cartons diminuaient d'étendue du supérieur à l'inférieur, et une ligne tracée au pinceau indiquait leur situation primitive. Le mastic était suffisamment tenace pour faire adhérer les feuilles de carton jusqu'à un certain point, sans cependant les empêcher de glisser les uns sur les autres.

Lorsque le mouvement de la table avait été observé, on constata chaque fois qu'il y avait eu un plus grand déplacement dans le carton supérieur que dans l'inférieur. Il en résultait donc que la table ne s'était mue qu'après les cartons, et ceux-là d'autant plus tôt qu'ils étaient plus rapprochés des mains.

C'était donc le déplacement mécanique de ces dernières qui avait imprimé le mouvement.

La seconde expérience est une sorte de répétition de celles de M. Chevreul sur le pendule explorateur. En effet, Faraday traçait sur la table un indice visible et dans ce cas, avec des explorateurs de bonne foi ne donnant pas de coup de pouce, la table ne s'ébranlait jamais.

Obligé à la fin de sa carrière, par ses devoirs de secrétaire perpétuel de l'Académie des sciences, de rendre compte d'une communication de M. Seguin qui venait d'être nommé correspondant, M. Arago fait à propos des tables tournantes une remarque très-curieuse (t. IV, *OEuvres complètes*, éd. Barral, p. 457).

Si l'on renferme deux horloges dans des boîtes séparées et qu'on suspende les deux boîtes à une même tringle en bois, à une distance qui peut aller jusqu'à soixante centimètres, on voit se produire un fait de communication de mouvement qui entre les mains d'un charlatan habile pourrait passer facilement pour surnaturel. Il prouve en tout cas que la mécanique des petits mouvements est loin d'avoir dit son dernier mot.

Il suffit que l'on fasse marcher une de ces horloges pour qu'on voie l'autre pendule en faire autant au bout d'un temps plus ou moins prolongé.

Où est forcé d'admettre que les oscillations du premier balancier se sont communiquées au second par l'intermédiaire des vibrations que la tige de bois ébranlée régulièrement a transmises d'une façon insensible.

On peut même pousser l'expérience jusqu'au moment où le ressort qui entretient le mouvement du premier pendule s'est complétement déroulé.

La force vive emmagasinée d'une façon dont la mécanique ordinaire ne rendrait pas compte est suffisante pour que le second pendule continue encore ses oscillations avec toute l'amplitude que comporte sa construction.

Peut-être y aurait-il lieu de tirer parti de cette belle observation dans la communication si merveilleuse des vibrations produites par l'électricité, mais nous nous bornerons à en tirer la conclusion que l'esprit peut venir aux tables par bien des manières que nous ignorons.

Nous avons vu opérer près de la porte Maillot par un escamoteur mulâtre un tour d'adresse et de force qui montre combien ces petits mouvements rapides sont susceptibles d'avoir d'énergie.

Cet homme fait reposer horizontalement un bâton de bois blanc plus gros que le pouce, sur deux bandes de papier qu'une personne de bonne volonté supporte sur le tranchant d'un rasoir qu'il tient à chaque main : avec une sorte de manche à balai il donne un coup sur le bâton qu'il brise et dont les débris roulent aux pieds des spectateurs ébouriffés. En effet, les deux bandes de papiers restent intactes.

Ce tour, véritablement plus merveilleux que le mouvement des tables et que j'attribuerais de préférence à l'intervention du monde surnaturel, s'explique également sans la moindre peine, à l'aide des petits mouvements, car le mulâtre semble à peine toucher le bâton qu'il brise.

D'un coup rapide il le lance en l'air, et d'un autre coup rapide il le rabat, de sorte qu'il est en réalité cassé par la rencontre successive de deux chocs violents.

Un médium habile ne trouvera-t-il pas moyen d'utiliser à une propulsion graduelle le poids même de son bras ou d'une partie de son corps, en prenant une attitude habilement étudiée ?

M. Chevreul, dans la *Baguette divinatoire et les tables tournantes*, fait remarquer en effet que jamais les mouvements qu'il a observés n'étaient hors de proportion avec les impulsions mécaniques que les mains placées sur le guéridon étaient en état d'imprimer latéralement.

Nous allons maintenant nous occuper d'un genre de phénomènes dans lesquels la supercherie a le champ libre, car il n'y a en réalité aucun moyen de contrôle autre que la bonne foi de l'opérateur.

Nous avons déjà fait remarquer, à plusieurs reprises, que cette preuve doit être récusée de la façon la plus absolue, la plus radicale, la plus déterminée.

CHAPITRE XIV

LES MÉDIUMS ÉCRIVANTS.

Comme nous l'avons dit un peu plus haut, la manière dont se sont multipliés les *médiums écrivants* tient du prodige; on ne saurait citer un autre exemple plus convenable pour faire apprécier le degré d'ilotisme intellectuel auquel peut conduire le spiritisme.

En effet, la dupe, qui d'un air abruti regarde un charlatan servant de secrétaire aux puissances surnaturelles, doit être rangée à côté des nègres adorateurs des fétiches, et ayant confiance dans la vertu miraculeuse des gris-gris.

Nous avons vainement cherché dans Home, dans Allan Kardec, dans Tutll, dans Wallace, dans Catherine Berry, etc., etc ; nous avons feuilleté inutilement les collections du spiritisme américain ou anglais, nulle part nous n'avons pu trouver un argument quelconque pour justifier la possibilité d'une si grande merveille.

Comme d'ordinaire Allan Kardec se distingue de ses confrères par l'audace et la clarté de ses affirmations, il se borne à décrire un phénomène tellement fréquent, tellement vulgaire, que personne ne peut le révoquer en doute.

Les médiums écrivants sont comme le soleil : aveugles ceux qui ne les voient pas.

« Lorsque l'esprit agit directement sur la main, » dit-il dans son *Livre des esprits*, « il donne à celle-ci une impulsion complètement indépendante de la volonté.

« La main marche sans interruption et malgré le médium tant que l'esprit a quelque chose à dire. Elle ne s'arrête que lorsque l'esprit a fini.

« Ce qui caractérise le phénomène dans cette circonstance, c'est que le médium n'a point la moindre conscience de ce qu'il écrit.

« L'inconscience absolue dans ce cas constitue ce qu'on appelle les *médiums passifs ou mécaniques*.

« Cette faculté, » dit gravement notre auteur, « est précieuse en ce qu'elle ne peut laisser aucun doute sur l'indépendance de la pensée *de celui qui écrit*. »

Laissant son lecteur sur cette singulière amphibologie, le grand docteur omet de dire à quel caractère on reconnaît que le *médium est passif*.

Il n'en est qu'un possible, *c'est parce que le médium le dit*.

La manie de mettre ses élucubrations sur le compte de quelque génie est trop commune pour qu'on doive la considérer comme propre au spiritisme. L'histoire n'a point, en effet, oublié les noms de Chatterton, de Mac-Pherson et de tant d'autres imposteurs moins illustres qui se sont adonnés avec plus ou moins de succès à ce genre de supercherie.

Afin de découvrir la fraude, on a employé à plusieurs reprises des trucs fort intéressants, que l'on pourrait sans aucun doute appliquer avec avantage à la confusion des spirites.

Il n'y a pas encore cent ans un certain Joseph Vella, chapelain de l'ordre de Malte, présentait au roi de Naples une traduction d'un manuscrit arabe qu'il venait de découvrir et qui comblait une lacune de deux siècles dans l'histoire de la Sicile sous la domination des Sarrasins. Un artiste fut même chargé en secret de fabriquer les fausses médailles destinées à établir l'authenticité du règne des émirs dont l'audacieux personnage inventait l'histoire.

Vella ayant continué à publier d'autres volumes, des doutes vinrent à transpirer; son protecteur soumit l'affaire aux jugements de cinq savants qui, ignorant complètement l'arabe, se trouvèrent on ne peut plus embarrassés.

Cependant, après mûre réflexion ils proposèrent à Vella de traduire à livre ouvert le texte qu'il prétendait avoir traduit.

Vella devait dicter sa version que l'on devait comparer avec le texte qu'il avait donné.

Vella, ayant appris par cœur un certain nombre de passages sur lesquels il s'arrangea pour tomber, triompha pendant quelque temps.

Mais, ayant été poussé au delà des termes du morceau qu'il savait, il fut obligé de confesser sa fraude et il fut condamné à quinze années de prison; sa traduction fut brûlée.

La découverte du musée d'Herculanum donna idée à Morchena, espagnol au service de la France, de donner comme étant de Catulle une pièce de quarante vers de sa composition.

Cet imposteur parvint à tromper si complètement les connaisseurs que son factum eut les honneurs d'être publié chez Didot.

Les admirateurs de sa trouvaille en étaient si entichés, que l'érudit qui le combattit dut avoir recours à un singulier subterfuge pour le démasquer. Il prétendit avoir découvert a Herculanum un autre manuscrit de Catulle où se lisaient des variantes nombreuses. Puis, sous prétexte de variantes, il corrigeait habilement toutes les fautes de prosodie que Morchena avait commises.

Mais avec les spirites on n'a pas besoin de prendre ordinairement tant de ménagements.

Il y a environ un quart de siècle la fièvre spirite avait sévi à Constantine où se trouvait alors mon ami Tournier, rédacteur d'un journal républicain.

Un certain nombre d'adeptes des doctrines nouvelles avaient formé un cercle, il était même le seul que la ville possédât.

Ces rêveurs s'étaient mis en rapport avec l'esprit d'un homme célèbre dont la mort venait d'être annoncée. Le défunt avait déjà commencé à leur dicter des sornettes que l'on devait publier sous son nom. Mais la nouvelle était prématurée, l'homme que les journaux avaient tué se portait parfaitement.

Que croyez-vous que firent ces spirites en apprenant qu'ils s'étaient hâtés de faire parler l'esprit d'un homme vivant? croyez-vous qu'ils reconnurent leur erreur? Pas du tout, ils ne se troublèrent point. Ils appelèrent bravement d'autres esprits afin de compléter l'œuvre forcément interrompue : car nul ne fut assez fou pour se laisser guérir de sa folie par ce grotesque incident.

Tous les médiums écrivants ne sont pas des charlatans, il en est qui sont de bonne foi.

Nous avons connu une vieille dame dont le nom était très respectable et très respecté, mademoiselle Beucle, qui entrait ainsi quotidiennement en relations avec Fourier.

La brave femme, à force de se monter la tête, avait fini par croire qu'elle revoyait aussi l'homme que, dans sa jeunesse, elle avait passionnément aimé.

Tous les hommes de lettres savent qu'on ne peut écrire d'une façon un peu vive que lorsque l'on parvient à entrer dans son sujet.

Chacun sait que les grands romanciers vivent avec les êtres imaginaires qui ont pris naissance dans leur esprit: Byron voyait certainement son Don Juan aussi bien que Balzac son Vautrain, ou Eugène Sue son Rodin, mais quel est le spirite qui oserait un instant soutenir que ce sont en réalité ces fantômes qui ont dicté les pages éloquentes que nous avons tous admirées.

Mahomet disait avec orgueil à ceux qui niaient la réalité de sa mission divine : « Dis-leur, à ces infidèles, de faire un livre qui puisse se comparer au Coran. » Il y avait quelque chose de grand, d'héroïque, de fondé même dans cette orgueilleuse prétention, non que le livre des révélations de Mahomet doive être considéré comme rigoureusement parfait, mais au moins faisait-il quelque honneur à l'ange Gabriel. Il a pu servir de modèle à la littérature arabe, qui est, comme on le sait, une des plus ingénieuses, des plus riches qu'ait produites l'humanité.

Mais qu'on lise les recueils des prétendues révélations dictées par Pythagore, par Molière, par Socrate, Aristote ou Platon : ce ne sont que des modèles d'ineptie et de stupidité.

Je suis loin de prétendre à la moindre parcelle de la gloire des illustres génies qui ont honoré l'humanité, mais je réponds bien qu'il n'y aura jamais sur notre terre de conjureur assez puissant pour me tirer du repos de la tombe afin de me faire débiter d'aussi ridicules sornettes.

S'il vient jamais par malheur à l'idée de quelque charlatan de prétendre qu'il a le pouvoir de le faire, je prie à l'avance les lecteurs des lignes que j'écris en ce moment de vouloir bien protester en mon nom contre les propagateurs de ces inepties et de me faire l'honneur de croire que ces misères sont écloses dans la cervelle d'un fourbe aussi sot qu'impertinent.

CHAPITRE XV

LES EXPLOITS DE M. HOME.

Il y a une douzaine d'années, je profitai de mon séjour à Londres pour suivre les cours de Faraday à *Royal Institution*.

Un personnage qui savait sans doute que j'étais journaliste s'approche de moi, et pendant que l'on préparait une expérience, il engage la conversation.

Quand la séance est finie, il sort avec moi et, après bien des circonlocutions, il finit par me faire savoir que je ne dois pas quitter l'Angleterre sans avoir fait la connaissance du fameux Home qui est en ville en ce moment; il affirme que je ne peux être plus utile à la cause de la vérité, qu'en constatant les merveilles que cet homme inspiré ne manquera pas de faire éclater devant moi si je prends la peine de passer chez lui.

Il n'en fallait pas tant que le bruit qui s'était fait autour de ce favori de l'empereur et de l'impératrice des Français, pour exciter ma curiosité. Dès le lendemain j'étais au rendez-vous.

Home habitait une maison élégante du côté de Bond Street. Il me reçut dans un salon luxueux, avec l'aisance d'un gentleman qui vit au milieu des gens du plus haut parage.

C'était un Écossais de haute taille, dans la force de l'âge, l'œil vif et le front intelligent. Il eût certainement réussi dans toute autre profession. Le spiritisme n'était pas pour lui un refuge, et il était certainement coupable de s'y être adonné.

Je dissimulai de mon mieux mon incrédulité, sans cependant me compromettre par des affirmations contraires à ma conscience, mais Home me devina.

Aussi, s'excusant poliment de ne me pouvoir donner séance, il prit mon adresse afin de me convoquer dès qu'il serait arrivé à Paris, où il se rendait dans peu de jours, et où il me priait de vouloir bien annoncer son arrivée.

Mais il paraît que ma conversation ou ma figure eurent heureusement le don de déplaire à ce charlatan, car il ne crut pas devoir remplir sa promesse et il ne vint pas se soumettre à mon inspection.

Dans les ouvrages qu'Home vient de publier et dont le but unique est de glorifier sa puissance surnaturelle, il a omis prudemment de définir nettement la nature des manifestations qu'il prétend être le maître de produire à volonté. Fidèle à ses habitudes professionnelles, il les laisse enveloppées de ténèbres que nous ne prendrons point la peine de percer. Mais il est bon de signaler une circonstance comme preuve et indice de sa bonne foi.

Le dernier chapitre de son interminable factum rapporte comme une grande merveille que la comtesse Catarina Lugano di Panigai, rue Jacoppo di Diaceto, n° 8, à Florence, trouva dans son armoire le nom de sa fille morte inscrit sur des souliers de satin qui lui avaient appartenu.

C'est véritablement être bien modeste que de terminer un gros volume de plus de 400 pages grand in-8°, par une merveille vulgaire que le moindre valet pourrait accomplir à l'aide d'une fausse clef. Quand on a si longtemps prétendu qu'on jouissait de la puissance de suspendre en l'air la table et ceux mêmes qui la faisaient tourner, on doit avoir d'autres miracles dans son sac.

Mais puisque M. Home se tait sur ses mérites, nous demandons la permission de rappeler quelques-unes des expériences exécutées à Paris, qu'il oublie prudemment de rapporter.

Il commençait par faire éteindre les lampes qui naturellement sont les ennemies des escamoteurs, des spirites et des sorciers.

Le spectateur qui, comme la chose est arrivée plus d'une fois, se précautionnerait d'une lanterne sourde qu'il déboucherait au bon moment, pourrait embarrasser des charlatans plus habiles que M. Home, malgré son incontestable dextérité.

Lorsque l'on rallumait les lampes, on voyait des caractères magiques tracés au plafond à une hauteur si grande qu'il était impossible de penser un seul instant que la main de M. Home ait pu y arriver.

Ce n'est pas non plus avec la main que notre spirite était parvenu jusque-là.

Il portait sur lui une plume pourvue d'un manche rentrant qui était un chef-d'œuvre de délicatesse. Le médium des empereurs et des rois ne pouvait rien se refuser.

Dans son état ordinaire ce porte-plume magique n'était pas plus long qu'un crayon. Mais, en faisant glisser les anneaux contenus les uns dans les autres comme le sont les différents tirages d'une lunette, l'habile médium donnait à sa plume la longueur d'une ligne de pêche, le reste se devine aisément.

Home exécutait d'autres tours en travaillant avec les pieds. Il avait arrangé son soulier de manière à le reprendre et à le quitter à volonté.

Étant chaussé de la sorte, rien n'était plus facile pour lui, que de se déchausser sous la table dans l'obscurité et de prétendre qu'il faisait palper la main d'un esprit.

Dans les derniers temps de l'Empire, Home s'émancipa jusqu'à faire croire à l'impératrice que c'était la main de la duchesse d'Albe qu'elle serrait de la sorte.

Un aide de camp de service qui avait eu soupçon de la ruse, s'embusqua et parvint à prendre Home en flagrant délit.

L'empereur se fâcha et Home fut chassé; ces circonstances furent rendues publiques autant qu'elles pouvaient l'être à une époque de mutisme forcé.

Une variante de ce truc est employée par les voleuses de dentelles qui font quelquefois de si bonnes affaires dans les grands magasins de nouveautés.

En effet, le dessus du soulier de ces femmes

n'étant point adhérent à la semelle, elles peuvent faire sortir leurs doigts de cette espèce de boîte et ramasser, sans avoir à se baisser, les rouleaux qu'elles ont adroitement précipités du comptoir.

Le charlatan qui avait été si rudement traité, entre dans de longues et confuses explications dans les *Incidents de l'histoire de ma vie.*

Il raconte une longue histoire pour nous faire savoir qu'on voulut l'expulser de Rome où il parvint à rester malgré le cardinal Vicaire; n'eût-il pas été plus curieux de savoir de sa bouche comment il détala si lestement des Tuileries? Peu fidèle aux préceptes de l'Évangile pour lequel il affiche du reste une très-grande vénération, ce charlatan fait preuve d'une inconcevable animosité pour les faux spirites. Animé d'un si grand zèle qu'il ne redoute pas le reproche vulgaire de jalousie, il raconte un bon nombre d'anecdotes édifiantes sur le compte des confrères moins habiles que lui.

Ce spirite des princes ne fait-il pas comme le célèbre pick-pocket qui parvint à échapper parce qu'il eut l'idée de crier au voleur, tout en se sauvant à toutes jambes devant les gens qui le poursuivaient?

Si nous ne craignions d'allonger trop notre travail, nous aurions plus d'une remarque utile à glaner comme le docteur Carpenter l'a fait avec infiniment d'esprit.

Nous nous bornerons à dire que maître Home affiche une haine toute particulière contre le pauvre Allan Kardec, la dernière et plus éclatante expression du spiritisme français.

Allan Kardec lui fait cependant une bien belle place dans son *Livre des Esprits*, car il affirme avoir assisté à des expériences dans lesquelles Home se serait maintenu suspendu en l'air par la force de la volonté.

Les reproches que Home lui adresse paraissent puérils. Il n'aurait pas considéré Jésus-Christ comme ayant été réellement le fils de Dieu. En outre il aurait parlé de Pythagore en termes peu mesurés.

Il est probable qu'Allan Kardec, qui n'était pas mal en cour, n'a pas été étranger à l'aventure ou plutôt à la mésaventure des Tuileries.

Home traite notre pauvre compatriote d'une façon véritablement bien cruelle.

Trois fois malheur aux médiums qui laissent sur la terre leurs rivaux derrière eux !

Dans une communication reçue par Home lui-même en présence d'un lord anglais dont il donne le nom, Allan Kardec a avoué au grand Home, « qu'il a le tort de se mêler de spiritisme et que tout allait bien sans lui. »

Nous n'aurons pas besoin, nous autres, d'attendre la mort de Home pour le forcer à confesser que, dans son énorme in-8° auquel il donne le nom d'*Ombres et lumières du spiritisme*, il a omis prudemment de décrire une seule des expériences qui lui ont valu tant de célébrité.

Le plus fin critique ne saurait le surprendre en flagrant délit d'imposture, tant il est passé maître dans l'art difficile de ne rien affirmer, et de tout laisser supposer.

Mais ce n'est pas avec tant de réserve et de méticulosité, que procède un prophète certain d'avoir en main le salut de l'humanité!

CHAPITRE XVI

LES SPIRITES ET LES ESCAMOTEURS DE PROFESSION.

A défaut du ministère public qui n'agissait pas, les escamoteurs défendirent énergiquement, loyalement la cause de la raison outragée.

C'est ce qui était arrivé à la fin du siècle dernier où l'aéronaute Robertson avait monté un cabinet de physique dans le seul but de démontrer que les apparitions de Cagliostro étaient produites à l'aide d'un appareil fantasmagorique.

Cet habile expérimentateur, qui fut de plus un grand aéronaute, perfectionna même à cette occasion la lanterne magique; il mit à la portée des plus humbles saltimbanques l'instrument dont se servaient sans vergogne les charlatans qui hantaient les cours et qui trompaient les rois.

Grâce à son talent de manipulateur, le public de Paris put, à la fin de la république ou au commencement de l'empire, assister aux phénomènes qui avaient fait la réputation de Cagliostro.

Les escamotages qui avaient peut-être agi sur l'esprit de Marie-Antoinette dans la mystérieuse affaire du collier, furent imités par lui, avec un succès tel que, quoique prévenues, quelques femmes impressionnables s'évanouissaient. Il leur semblait impossible que des spectres si bien simulés ne sortissent pas de la muraille. Elles s'imaginaient qu'elles allaient subir le contact de la main du squelette qui marchait vers elles à grands pas.

Les détails de ces scènes que nous regrettons de ne pouvoir décrire ici sont rapportés tout au long dans les *Mémoires de Robertson* où nous engageons à les chercher.

Il n'est pas inopportun de faire remarquer que des démonstrations analogues ne produiraient plus de nos jours aucun effet, excepté sur les enfans à *Séraphin*.

C'est que l'on s'habitue à toute chose, et que l'on ne trouve extraordinaire que les phénomènes qui se montrent une première fois.

L'histoire de l'électricité nous offre un exemple saillant de cette vérité.

Lorsqu'ils découvraient par hasard la bouteille de Leyde, Muschenbrœck et ses amis reçurent une secousse qui probablement n'était pas très-vive. Cependant ils déclarèrent tout d'une voix qu'ils ne voudraient pas s'y soumettre de nouveau pour tout l'or du monde.

Les profanes ne tardèrent pas à s'apprivoiser avec ce phénomène, et de nos jours les simples paysans bravent, en se jouant, des chocs infiniment plus intenses.

Les hommes coupables qui exploitent la crédulité publique savent très-bien que le succès des fraudes les plus habilement combinées s'épuise rapidement. C'est ce qui fait qu'on les voit sans relâche aux affûts d'effets nouveaux. S'ils reprennent les tours ou les trucs passés de mode, c'est longtemps après lorsque le souvenir en est tout à fait oublié, excepté de quelques érudits.

Aussi la lutte contre le charlatanisme offre-t-elle tout l'attrait et tout l'imprévu d'une véritable guerre. Il n'y a pas de découverte que des marchands de miracles ne cherchent à pervertir ou à détourner de son but en l'utilisant au succès de leurs ruses.

C'est ainsi que l'on voit, dans un autre ordre d'idées, les despotes s'emparer des chemins de fer, des télégraphes, de la photographie, de toutes les conquêtes de la science pour les faire servir, comme ils l'ont fait de l'imprimerie et de la poudre, à l'asservissement des nations libres et à l'esclavage des individus.

Le boulevard a joué un grand rôle dans cette utile croisade, quoique quelques marchands de miracles aient fini par y prononcer à leur tour des discours dans les tribunes même, où l'esprit libéral avait lutté pendant toute la durée de l'empire, pour l'indépendance de la pensée.

C'est dans le local de la salle des conférences que M. Talrich, préparateur d'anatomie, montra pour la première fois le truc qui s'est répandu dans toutes les foires sous le nom de *décapité parlant*. Il est trop connu pour que nous en donnions la description, mais il ne faut jamais perdre de vue qu'il a longtemps servi et qu'il servirait sans doute encore, grâce aux nombreuses variantes dont il est susceptible, à faire des dupes, sans cette utile exhibition.

C'est sur le boulevard des Italiens que Robert Houdin a prouvé que des hommes peuvent, comme des mouches, marcher la tête en bas sur le plafond d'un théâtre, quand leurs pieds sont chaussés avec des contacts en fer et qu'ils se promènent au-dessous de deux rangées d'électro-aimants.

C'est là que Robert Houdin montra l'horloge merveilleuse qui porte encore son nom et qui permet de faire tourner des aiguilles sur un cadran de verre soutenu par une colonne de cristal parfaitement transparent.

Plus loin, sur le boulevard du Temple, l'escamoteur Robin a très-longtemps combattu le spiritisme avec un succès constant qui lui a permis de gagner honorablement une fort jolie fortune.

Robin est surtout célèbre par un appareil destiné à montrer comment les spirites s'y prennent pour faire croire à l'existence de bruits surnaturels dans l'intérieur d'une table ou d'une boiserie, faits dont le comte Agénor de Gasparin n'avait pu trouver l'explication.

Cette démonstration très-élégante est connue sous le nom du Tambour du zouave.

On suppose que le propriétaire de ce tambour a été tué dans les guerres de Napoléon III, ordinairement dans la bataille d'Inkerman.

La caisse où va s'opérer le prodige est suspendue au plafond de la salle par deux simples cordons de soie ; elle est parfaitement isolée de partout. Cependant on entend battre la charge dès que le conjureur somme le zouave de reprendre ses baguettes et de montrer qu'il n'a pas oublié dans l'autre monde la manière dont il s'y prenait pour entretenir l'ardeur belliqueuse des soldats français. Le bruit sort évidemment de la caisse, on voit même la peau entrer en vibration.

Le procédé pour réaliser cette merveille est d'une simplicité naïve.

Le tambour renferme un ingénieux mécanisme qui est mû par un système d'électro-aimants. Les baguettes sont, comme on le voit, dans l'intérieur du tambour ; ce sont des baguettes très-réelles et l'esprit du zouave est remplacé par le fluide voltaïque qu'une pile située au loin engendre ; le fluide arrive en cachette par un conducteur placé dans la corde de suspension.

L'illusion est parfaite et fait le plus grand honneur au génie pratique de l'habile physicien qui l'a inventé.

Robin fit encore courir la foule avec un autre truc dont il se prétend l'inventeur et que le professeur Peper d'Angleterre lui a disputé.

Une glace sans tain est disposée de telle sorte que l'image d'objets fortement éclairés et placés au-dessous de la scène vient se montrer au spectateur en même temps que les objets réels qu'il voit sur la scène à travers le verre.

Pour comprendre le principe physique de cette mystification, il suffit, quand on voyage en chemin de fer, de voir ce qui se passe à la brune. Aussitôt que la lumière du dehors s'est assez affaiblie, la glace des portières fait miroir. Elle réfléchit avec une clarté merveilleuse les objets situés dans le wagon et illuminés par la lampe suspendue au plafond. Cette image n'empêche pas d'apercevoir les objets du dehors, de sorte que deux impressions visuelles simultanées se confondent d'une façon excessivement bizarre.

L'illusion est complète, même quand on en connaît scientifiquement la théorie, car on voit les spectres se mélanger avec les êtres vivants, et se laisser toucher, palper, approcher avec une facilité surprenante, stupéfiante, inconcevable, inénarrable !

Si l'on ignorait que l'on est au spectacle, on jurerait que l'on a devant soi les ombres dont parle la fable, et les revenants qui font les frais de tant de chroniques extraordinaires.

L'acteur réel embrasse une forme fugitive qui fuit devant ses bras. Il se précipite avec fureur contre un démon qui l'obsède, et dont son poignard ne peut percer le cœur.

Il n'y a pas d'apparition depuis celle d'Hamlet, jusqu'à celle de la Nonne sanglante, qui ne devienne vraisemblable si on suppose que ce secret ait été connu dans les temps où la superstition régnait.

Mais il n'est pas besoin d'avoir recours à l'hypothèse d'une fraude pour expliquer comment le mauvais génie de Brutus a pu se montrer devant les yeux épouvantés du patriote romain.

Car dans une multitude incroyable de circonstances, la nature nous offre des mirages non moins étranges ; les spectacles auxquels elle nous fait assister en jouant dépassent bien des fois en singularité, en imprévu, ceux que les charlatans ou les imposteurs sont parvenus à réaliser.

CHAPITRE XVII

LES FRÈRES DAVENPORT.

C'est à Paris et même pendant la durée de l'empire, qui, déjà profondément, était ébranlé par les folies de la campagne du Mexique, que les frères Davenport vinrent faire naufrage après un règne court, brillant et accidenté.

Une véritable émotion s'empara de l'opinion, lorsque l'on apprit que les deux frères se faisaient attacher dans une armoire, où les esprits dociles à leur appel, exécutaient un concert à l'aide des instruments qu'on y avait suspendus.

La preuve que les esprits familiers des Davenport donnaient de leur puissance surnaturelle aurait suffi pour déceler la fraude, si, blasé en matière d'escamotage de tout genre, le public n'avait fini par perdre l'habitude de raisonner.

En effet, ces êtres immatériels poussaient la complaisance jusqu'à montrer leurs mains dans une ouverture que l'on avait ménagée à cet effet au-dessus de la tête des deux frères.

Si la chose s'était passée dans un autre siècle, on nous accuserait de mensonge, quand nous raconterions qu'il se trouvait des gens assez naïfs, assez niais pour supposer que ces mains, au lieu d'appartenir aux deux hommes qui étaient dans l'armoire, étaient des mains appartenant aux esprits. Ces dupes si nombreuses, que leur nombre se comptait par légions, ajoutaient que c'étaient les esprits qui faisaient résonner d'une façon horriblement discordante les cloches, les tam-tams, tous les instruments au milieu desquels les deux frères avaient été garottés.

On riait au nez des sceptiques qui prétendaient que ces deux charlatans étaient d'habiles escamoteurs qui se faisaient attacher par des compères, ou bien qui savaient délier les nœuds que l'on croyait le plus solidement formés. Ce tour, quoiqu'il vînt d'Amérique, ainsi que les tables tournantes, n'avait même point le mérite de la nouveauté.

En effet il est décrit tout au long dans l'ouvrage de Decremps dont nous avons déjà parlé.

Decremps apprend à présenter les pouces de telle manière qu'on saisisse le brin de la corde entre les trois derniers doigts d'une des deux mains.

Quelque fort que l'on serre un nœud ainsi formé, il est facile de s'en dégager en un instant.

Dès que la porte de leur réduit était fermée, les deux frères tapaient à cœur joie, sur les cymbales, les grosses caisses ou les chapeaux chinois qui se trouvaient à leur portée. Quand ils savaient que la porte allait s'ouvrir, ils reprenaient leurs liens, et se remettaient dans la position qu'on leur avait donnée en les ficelant.

Decremps apprend même à exécuter le tour sans avoir besoin d'une armoire, il ne demande que de couvrir ses mains avec un chapeau.

Le tour de Decremps est compliqué de quelques embellissements qui rendent le truc plus difficile à découvrir et plus facile à exécuter que celui que les Davenport ont réédité, revu, corrigé et détérioré.

Vainement M. Robin montra sur son théâtre du boulevard comment étaient attachés les liens qui paraissaient inextricables et desquels les frères Davenport pouvaient facilement se débarrasser en un clin d'œil. Vainement il fit manœuvrer tous les soirs ces nœuds coulants, dans lesquels il était facile de se mettre soi-même aux menottes en moins de temps qu'il ne faut pour l'écrire.

La foi qu'exploitaient les Davenport était bien moins raisonnée que celle du charbonnier.

On répondait à Robin qu'il n'était qu'un escamoteur trouvant le moyen de se faire attacher *pour de rire*, et qu'il n'était que le singe des habiles magnétiseurs qu'il calomniait. Dès que la porte de son armoire était fermée il avait un truc pour se délivrer et faire résonner ses instruments de la façon la plus naturelle, en y portant la main.

Quant aux deux médiums, leurs bras étaient ficelés de façon solide, ils étaient sanglés de telle manière que si les esprits ne s'en mêlaient, on n'entendrait pas tout ce glapissant charivari.

Un rédacteur du *Cosmos*, bien connu par ses œuvres mystico-astronomiques, vint donner aux deux charlatans américains un témoignage timide en apparence, au fond très-audacieux.

Il osa écrire qu'il avait touché la main qui sortait de la boîte, et que cette main, d'une douceur extraordinaire, avait quelque chose de surnaturel, de suave et de divin.

Quelque temps après l'apparition de ce burlesque *factum* vint le châtiment.

Un de mes amis imagina un moyen fort ingénieux de prendre les imposteurs en flagrant délit, et réussit au delà de ses espérances.

Admis sur l'estrade pour surveiller les opérateurs, il s'appuya sur la porte de l'armoire fatidique, de manière à faire supposer à ceux qui l'occupaient qu'ils l'avaient déjà fermée.

Au moment où les deux frères se levaient pour agiter leurs mains, mon ami se retira brusquement. La porte s'ouvrit immédiatement. Le public qui remplissait l'amphithéâtre vit les deux escamoteurs debout, les bras déliés.

La séance fut interrompue par les rires et les huées, et les deux frères s'éclipsèrent au milieu du tumulte. Je crois même que l'on rendit l'argent.

Cependant, quand, au mois de novembre 1865, nous fîmes notre première conférence sur la *physique des miracles*, il se produisit un incident curieux qui montre combien l'erreur est difficile à déraciner.

Quand nous fîmes exécuter le tour par un jeune enfant qui n'avait point encore dix ans, un admirateur des Davenport, qui ne nous avait écouté qu'avec une impatience visible, nous interrompit brutalement.

Ne tenant aucun compte de faits publics avérés, cet homme nous reprocha, avec une amertume extraordinaire et en termes très-peu choisis, de calomnier des médiums qui, doués d'un pouvoir surnaturel, étaient visiblement assistés par des esprits.

Nous n'eûmes aucun mal à le réduire au silence; mais ces interjections inintelligentes ne sont-elles point une marque de la puissance de l'enthousiasme irréfléchie ? Armez ce bras d'une torche, d'une lampe à pétrole ou d'un fusil, et le pavé d'une grande capitale peut être ensanglanté.

Le nœud des Davenport est maintenant classique, une multitude de personnes savent la manière de le former.

Nous en donnerions ici la figure si ces descriptions ne laissaient toujours à désirer.

Cet épisode appela l'attention sur une série curieuse de problèmes et d'études bien négligée depuis Alexandre le Grand. Aussi vit-on paraître sur toutes les places publiques des petits marchands forains qui l'exploitaient. La *question romaine*, et la *question d'Orient* sont les plus célèbres parmi ces nœuds gordiens. Ils figurent actuellement dans les boutiques des marchands de jouets d'enfant ; nous engageons nos lecteurs à s'en procurer un quelconque. En apprenant à dénouer en un clin d'œil des anneaux qui paraissent enchaînés d'une façon définitive, ils acquerreront le droit de rire de ceux qui prétendent que les Davenport avaient besoin que l'aide leur vînt d'un autre monde.

Le tour qu'ils ont importé s'exécute souvent à Londres dans différents endroits, notamment à Egyptian-Hall. A Paris, deux sœurs le donnaient tous les soirs au théâtre Cléverman pendant tout l'automne 1877 et l'hiver 1878 : il reparaîtra peut-être l'hiver prochain, et nous irons l'applaudir de nouveau.

Les Davenport ne se sont point détachés de leur nœud. Disant adieu à la France et à l'Angleterre, ils ont cherché fortune dans le pays des Rajahs. Il paraît qu'ils y sont morts depuis peu l'un et l'autre, succombant plus au champagne, dont ils faisaient une consommation étonnante, qu'au climat meurtrier de cette lointaine contrée. Pour terminer cet article, nous engagerons les lecteurs à apprendre le jeu connu sous le nom de Baguenaudier, qui consiste à détacher ou rattacher des anneaux dans des conditions telles, qu'on peut croire à première vue le problème absurde.

On n'a besoin ni d'intelligence ni d'adresse pour se servir de ce petit appareil que l'on peut se procurer chez tous les marchands, mais il faut être initié à une combinaison ingénieuse très-difficile à découvrir.

La marche se trouve indiquée avec les détails suffisants dans le *Dictionnaire des Jeux* qui fait partie de la grande Encyclopédie méthodique.

Il n'y a qu'à suivre mécaniquement un procédé que nous engagerons à apprendre par cœur, et à pratiquer machinalement avant d'en chercher la théorie. Quand, sur ce point on sera devenu escamoteur, il sera toujours temps de savoir pourquoi.

CHAPITRE XVIII

LA PHOTOGRAPHIE SPIRITE.

Il y a trois ou quatre ans, un spirite français nommé Buignet prétendait tirer des photographies des esprits qu'il invoquait. Il tenait boutique en plein boulevard Montmartre; moyennant un supplément de vingt francs, il ornait votre portrait de celui de votre femme si vous étiez veuf, de votre père et de votre oncle dont vous déplorez la perte, d'un ami décédé que vous teniez à revoir ou du grand homme que vous désiriez invoquer comme votre ange gardien.

La photographie de l'esprit était excessivement peu distincte et, avec un peu de bonne volonté, l'on pouvait reconnaître n'importe qui dans la silhouette dont votre image était escortée.

Cependant il avait suffi de cette circonstance pour que la boutique de M. Buignet fût extraordinairement achalandée. Les ressemblances des portraits obtenus d'une façon si extraordinaire, étaient trouvées parfaites, si parfaites que quelques dupes, malgré les aveux et la condamnation de Buignet, ont persisté à soutenir qu'ils n'avaient point été trompés.

M. Chenavard, professeur à l'École des beaux arts, s'alarma de ce qui se passait et se mit en campagne pour pénétrer le truc dont se servait Buignet.

Une fois qu'il eut fait cette découverte, il prévint la police et fit des expériences pour convaincre les autorités. Cette enquête continuée en secret prit beaucoup de temps; mais, quand toutes les objections eurent été écartées par une analyse soigneuse, le parquet se décida à agir.

Un commissaire de police se présenta donc au domicile de M. Buignet, et lui demanda de faire faire son portrait en y ajoutant l'image de son grand-père. Le photographe spirite ne se fit pas prier, il revint quelques instants après rapportant une plaque qu'il venait de sensibiliser. Puis, avant d'ouvrir son objectif, et après avoir indiqué à son client comment il devait se poser, il se mit en devoir de prononcer ses invocations sacramentelles.

Mais, exhibant son écharpe, le commissaire ne lui laisse pas le temps de terminer ses jongleries.

Il déclare l'appareil saisi, et procède immédiatement à une visite domiciliaire.

Il découvrit dans le laboratoire un assortiment de poupées enveloppées de dentelle comme d'un linceul et qui servaient de modèle pour la photographie des ancêtres. Buignet cherchait d'après les renseignements qu'il avait pu se procurer de clients généralement loquaces, quel devait être le type le plus voisin du personnage dont l'apparition était attendue. L'imagination, comme il arrive toujours en pareille circontance, complétait ce que le portrait pouvait laisser d'incertain. La moindre ressemblance, fruit du hasard, excitait des cris d'enthousiasme ; quand on ne trouvait aucun trait pareil, on se disait qu'après tout, en changeant de monde, il n'était point étonnant que l'on changeât aussi de physionomie.

Par surcroît la plaque saisie fut impressionnée en présence du prévenu avant d'avoir passé à l'objectif. Il ne fut pas difficile de voir le grand-père du commissaire déjà photographié, y attendant l'arrivée prochaine de son petit-fils.

Le reste se devine aisément. Le sieur Buignet mis en état d'arrestation fut traduit en police correctionnelle et condamné en deux ans de prison et cinq cents francs d'amende. Le malheureux avoua tout au grand scandale de quelques dupes, qui persistèrent malgré tout ce que l'on put dire à déclarer que les apparitions des esprits étaient réelles.

On vit un officier supérieur d'artillerie, qui avait passé par l'École polytechnique, soutenir *mordicus* que l'accusé avait tort de s'accuser lui-même avec l'espérance de désarmer ses juges. En pleine audience ce témoin, qui n'était point dépourvu de connaissances scientifiques, reprocha à Buignet son apostasie, et l'engagea, nouveau confesseur de la foi spirite, à persister dans ses dénégations.

Lorsque Buignet sortit de prison, il s'empressa de dire adieu à son ingrate patrie, et de chercher en Belgique un pays où de photographier les esprits, on eut au moins la liberté.

Dès qu'il eut mis la frontière entre lui et les juges iniques de la République française, ce nouveau Machabée fit une protestation solennelle qui dut faire tressaillir d'aise l'officier d'artillerie.

En effet, dans ce factum M. Buignet déclara qu'il avait menti en s'avouant coupable de supercherie. S'il avait commis quelquefois quelques fraudes, c'était uniquement quand son fluide médianimique l'abandonnait et que les clients attendaient.

Il n'avait pas l'héroïsme de les renvoyer les mains vides, et il leur donnait alors des photographies impressionnées à l'avance par des moyens naturels.

C'était une peccadille en comparaison de la faute qu'il avait commise, en reniant les esprits qui lui avaient prêté leur concours dans tant de circonstances mémorables, et notamment lorsque l'officier d'artillerie était venu le trouver.

Mais saint Pierre ayant renié trois fois le Christ, on devait lui pardonner d'avoir eu un instant de faiblesse, et d'avoir oublié les intérêts de la grande cause spirite, en se rappelant qu'il était entre les mains des gentils.

Nous ajouterons, pour consacrer le souvenir de cet arrogant médium, que le tour qu'il a pratiqué, est très-curieux et très-instructif. Il est étonnant qu'il ne se trouve pas dans tous les traités de photographie : que l'on nous permette de l'indiquer en peu de mots.

On sait que le temps de la pose influe sur la netteté de l'épreuve. Si on laisse la plaque trop longtemps, l'image deviendra trop noire ; si on ne fait que de la présenter, elle sera à peine visible, on verra de simples linéaments donnant la silhouette du personnage de manière à ce qu'on puisse le reconnaître vaguement. Avec un peu d'imagination et une certaine dose de crédulité on pourra croire que l'on a en mains la photographie d'un visage à contours vagues et incertains, comme doit l'être la silhouette d'un citoyen d'un autre monde.

Si la plaque est conservée dans les ténèbres, elle pourra, pendant plusieurs années, recevoir une image en même temps que celle qui y est déjà déposée.

Les deux images se développant ensemble et se fixant simultanément, on pourra assister très-facilement à leur double apparition.

Pour peu que l'on soit étranger aux manipulations photographiques, on se persuadera facilement que l'on assiste à une opération tout à fait surnaturelle. Un charlatan doué d'une habileté vulgaire n'aura pas de peine à faire entrer dans l'esprit d'un malheureux père ou d'un époux infortuné des illusions que les enquêtes judiciaires ne sauraient déraciner.

CHAPITRE XIX

LE LIVRE DE LA LÉVIGATION.

Nous avons raconté plus haut que le spiritisme anglais a la gloire d'avoir recruté dans ses rangs l'inventeur du thalium et du radiomètre.

M. Crookes a donné des gages récents à sa foi, par la publication d'un livre fort confus que nous engageons à ne point lire, si l'on veut conserver une idée avantageuse de sa logique, car on serait tenté de croire que les esprits lui ont soufflé ses belles découvertes en voyant combien est précaire la méthode de raisonnement qu'il emploie.

La majeure partie de cet ouvrage est consacrée à décrire des phénomènes qui ont fait quelque bruit, à cause de la réputation de l'homme qui les signalait, mais que l'on a bien vite jetés à la mer, car le truc était trop simple pour ne point être rapidement éventé.

L'auteur prétendait avoir trouvé le moyen

de diminuer une portion du poids des corps.

Ces expériences étaient destinées à démontrer qu'il n'était pas absurde de supposer que M. Home, dont M. Crookes est un admirateur passionné, avait bien pu s'enlever au plafond par la puissance des esprits.

Ce n'était, on en conviendra, qu'un commencement de preuve à l'usage des débutants.

Mais cette opération, désignée sous le nom modeste de *lévigation*, fut loin d'être couronnée du succès qu'on devait attendre après le brillant accueil qu'elle reçut en France et en Angleterre, où des journaux scientifiques la célébrèrent à l'envi.

Pour effectuer la lévigation, il fallait employer l'intermédiaire d'un grand levier dont les deux bras étaient très-inégaux et que l'on devait maintenir en équilibre.

Comme on devait tenir le levier par son bras le plus long, il était facile de comprendre que l'effet du moindre coup de pouce devait se trouver augmenté dans la même proportion et que, par conséquent, l'opérateur pouvait *ad libitum* troubler l'équilibre des poids.

Dans ce même ouvrage, M. Crookes célèbre les mérites extraordinaires d'un médium femelle nommée Miss Cook qui jouissait de la propriété de se dédoubler, c'est-à-dire d'être à la fois dans deux endroits différents.

Un talent si précieux ne pouvait être mieux placé, car douée d'une grande beauté, cette dame ne pouvait à la fois satisfaire tous ceux qui ambitionnaient l'avantage de sa conversation.

M. Crookes prend la peine de nous faire savoir que cette femme extraordinaire avait trouvé le moyen de chasser son âme de son propre corps. Il en résulte que Miss Cook apparaissait sous la forme d'un fantôme qui lui ressemblait à s'y méprendre, ce médium était à elle-même son propre Sosie.

Bravant les lois de la pesanteur, elle jouissait également de la faculté de se tenir en l'air sans ballon ni parachute, à l'aide de la force psychique.

Elle était douée du même talent que Home, qui au lieu de se montrer jaloux, lui réserve une place d'honneur dans ses *Ombres et lumière du spiritisme*.

C'est ce côté de la gloire de miss Cook que, n'en déplaise à M. Crookes, nous prendrons la liberté d'analyser.

On a vu sur plusieurs théâtres des sylphides suspendues par un procédé fort ingénieux qui demandait beaucoup de légèreté, mais de plus un corset suffisamment résistant.

Une tige en acier solidement attachée à une canne servant de support et tenant audit corset permet en effet de garder pendant un certain temps une position horizontale.

Ce dispositif a même je crois été utilisé avec succès dans quelque ballet.

Ce que je sais c'est que ce procédé servait à Eugène Godard pour enlever les filles de l'air dans son ballon légendaire, du temps où florissait l'Hippodrome de M. Arnaud.

Mais la description de M. Crookes, ne parlant pas de la canne ou de la colonne qui sert de support, il me paraît inutile de pousser plus loin l'analyse du volume dans lequel il célèbre les merveilles de la lévigation.

En effet, ce n'est point par hasard, mais de propos délibéré, qu'un homme habitué aux expériences omet de tenir compte de pareilles circonstances. On peut dire que *gloire oblige* plus encore que noblesse. Aussi serons-nous pleins d'indulgence pour des pauvres diables dont la raison est affaiblie, mais sévères, impitoyables pour les hommes qui font servir au mensonge, à l'imposture et à la fraude le génie dont la nature les a doués.

Il n'est peut-être pas superflu d'ajouter qu'on peut montrer encore une femme, une fille ou un homme suspendu en l'air, à l'aide d'une combinaison de miroirs analogue à celle que M. Robin a employée sur son théâtre des boulevards et dont nous avons donné plus haut la théorie.

Mais un subterfuge de ce genre qui pourrait prendre un paysan ne peut servir à duper un physicien expérimenté.

Si M. Crookes est tombé dans quelque panneau, nous pouvons jurer par le Radiomètre ou le Thalium, que c'est parce qu'il l'a bien voulu.

CHAPITRE XX

MÉSAVENTURES JUDICIAIRES DE L'AUTRE COTÉ DU DÉTROIT

Le 29 janvier 1869, la Société dialétique de Londres, dans un meeting général tenu sous la présidence de M. J. H. Lévy, nomma un comité de trente membres avec la mission de faire une enquête sur les phénomènes du spiritique sans avoir recours aux médiums de profession. Les commissaires se divisèrent en plusieurs groupes cherchant à provoquer les différents genres de phénomènes que les spirites prétendent avoir le pouvoir de produire à volonté. Dans le courant de 1870 cette commission publia un long rapport qui servit de point de départ à une recrudescence de la folie spirite. Les personnes curieuses de se procurer cette pièce peuvent le faire pour la modique somme de 15 centimes, car elle vient d'être reproduite dans le numéro, du 16 novembre 1877, du *Médium*, un des principaux organes du spiritisme publiés de l'autre côté du détroit. Il est édité à Londres par James Burnes, 15 Southampton Row Holborn.

Comme nous l'avons indiqué plus haut, l'association britannique s'occupa du spiritisme dans la séance tenue en 1876 à Glasgow. Le débat eut lieu dans la section de biologie dont la présidence avait été décernée à M. Wallace, un des membres les plus actifs de la Société dialétique. La discussion commença par la lecture d'un mémoire de M. Barret, très-long et très-scientifiquement écrit, sur *certains phénomènes de l'Esprit-Saint* Ce travail fut vivement soutenu par mademoiselle Lydia Becker, apôtre échevelée du droit des femmes.

La discussion ne tarda pas à devenir tumultueuse car quelques membres, hâtons-nous de le dire pour l'honneur de la science, protestèrent avec la dernière énergie contre toutes les exagérations dont les faits allégués portaient la preuve manifeste, mais ils furent obligés de s'incliner devant la décision de la majorité.

Le débat porta particulièrement sur les hauts faits d'un médium américain nommé Slade ; ce dernier était parvenu à faire écrire les réponses par les esprits. Les esprits se servaient à cet effet d'une ardoise sur laquelle on lisait les caractères qu'ils avaient tracés.

Un professeur de l'université de Londres, M. Lankester, résolut de faire cesser ce scandale. Il alla visiter le docteur Slade, lui fit écrire par l'esprit la réponse à la question qu'il posa, ne manifesta aucun étonnement, bien au contraire, affecta une grande admiration pour l'opération merveilleuse à laquelle il assistait.

Comme il était excellent anatomiste, il remarqua dans la main gauche du prétendu médium de petits mouvements presque imperceptibles qui le convainquirent que l'écriture était tracée par la droite dont il se servait pour soutenir son ardoise sous la table devant laquelle il s'asseyait. M. Lankester comprit que le crayon dont se servait ce charlatan était fixé sur un dé attaché dans l'intérieur de sa manche par un morceau de caoutchouc, et qu'il en avait adroitement tiré, afin d'y passer le doigt.

Quelques jours après ces premières visites, le docteur Lankester alla de nouveau visiter Slade en compagnie d'un ami incrédule qu'il voulait convertir au spiritisme.

La représentation commença comme à l'ordinaire ; mais au moment où Slade allait invoquer les esprits, le docteur Lankester se précipita sur lui et lui arracha son ardoise. La réponse y était déjà tracée.

Slade fut traduit en police correctionnelle et condamné après de longs débats à deux mois de travaux forcés ; en effet il se trouva un avocat pour plaider la réalité des phénomènes annoncés par Slade. Il se trouva des savants pour témoigner en sa faveur : qui sait si ces témoignages n'auraient point ébranlé l'esprit des juges, si le docteur Lankester n'avait trouvé le bon moyen de défier toute contradiction. Il fit venir un escamoteur célèbre nommé Maskelyne qui exécuta en plein tribunal devant Slade le tour de l'ardoise. Il mettait et enlevait avec tant de dextérité son dé que personne ne pouvait apercevoir la manœuvre, même après avoir été prévenu du truc à l'aide duquel il opérait.

Depuis lors M. Maskelyne exécuta tous les soirs ce tour d'escamotage sur le théâtre d'Egyptian Hall, lieu ordinaire de ces exercices ; ces démonstrations populaires imposèrent silence aux doutes émis par certains savants qui prétendaient n'être point convaincus.

Au lieu de se tenir pour battus, et de faire oublier leurs fredaines, MM. Wallace et Crookes attaquèrent avec violence, non pas l'escamoteur, mais les savants intelligents qui avaient trouvé le moyen de mettre en évidence cette fraude dangereuse.

Heureusement les récriminations grotesques des deux chevaliers du spiritisme n'ont point empêché justice de se faire.

Un ancien ministre anabaptiste, qui se faisait nommer le docteur Monck a été condamné à trois mois de travaux forcés par le juge d'Huddersfield, en vertu de l'acte des vagabonds. Ce malheureux avait été pris en flagrant délit par ses auditeurs qui l'avaient fouillé de force après une séance de spiritisme et l'avaient trouvé nanti de plusieurs masques en étoffe et de mains en cire dont il venait de se servir. Le docteur Monck s'étant débattu avec énergie avait terrassé un de ses persécuteurs, s'était renfermé au verrou dans un cabinet, et avait essayé de se sauver comme Latude de la Bastille en se laissant glisser au dehors avec des draps de lit.

Son attitude a été suppliante. Il a dit que sa vie était un enfer, qu'il avait une mère et deux sœurs à nourrir, et que, pour y parvenir, il avait été obligé de *jouer un métier de scélérat*, il a imploré la pitié du juge, mais le magistrat s'est montré inexorable, et a appliqué impitoyablement la loi. Tous ces détails ont été donnés dans le *Times* où nous les avons puisés,

On peut les retrouver facilement dans les rapports des cours de justice à l'aide des tables annuelles qui sont publiées régulièrement depuis quelque temps ; nous les avons de plus résumés soigneusement dans le *Temps* de Paris.

Une fois l'affaire judiciaire terminée il est inutile de dire que le médium anglais Slade tint une conduite analogue à celle du médium français Buignet.

Il revint sur ses aveux et déclara qu'ils lui avaient été arrachés par le sentiment qui porte le prince des apôtres à renier Jésus-Christ.

Ces incidents donnèrent naissance à de longues polémiques entre le docteur Carpenter et M. Crookes.

On peut en lire le résumé fort intéressant dans d'excellents articles que le docteur Carpenter publia dans le *Frazer magazine*. Nous regrettons que le défaut d'espace ne nous permette pas de les reproduire comme ils le mériteraient.

On verrait en effet que les Jésuites démasqués par Pascal dans les *Provinciales*, n'avaient pas le monopole du *distinguo*. Que des découvertes aussi brillantes que celles du Thalium ou du Radiomètre, ne récompenseraient pas les efforts de M. Crookes, s'il déployait autant d'esprit et de persévérance dans la lutte contre la nature que dans celle contre la vérité.

Un autre médium dont l'industrie consistait à faire apparaître l'esprit de saint Paul et de Thomas Payne dans un des bas quartiers de Londres, fut arrêté peu de temps après la mésaventure du docteur Slade dans des circonstances analogues.

Le docteur Lankester ayant fait école, des ennemis du spiritisme avaient eu l'idée de saisir en flagrant délit l'escamoteur qui exploitait un quartier pauvre où l'éducation est très-peu répandue.

Cette résolution un peu brutale était rendue nécessaire par l'extrême développement qu'a pris le spiritisme et par l'organisation de cette secte qui a ses journaux, ses meetings, ses sociétés et qui exerce une influence des plus dangereuses. Car on remarque une augmentation notable dans le nombre des maladies mentales.

C'est surtout dans le nord de l'Angleterre et notamment dans les environs de Newcastle que les spirites sont devenus nombreux. On compte parmi leurs adeptes beaucoup d'ouvriers employés dans les mines de charbon : ces malheureux, passant une partie de leur existence dans les entrailles de la terre, et vivant pour ainsi dire à la lueur d'une lampe Davy, sont, on le comprend facilement, éblouis quand ils arrivent à la surface de la terre et fort portés par la nature de leurs occupations à voir partout des spectres et des apparitions.

Les évocations du médium de Limehouse étaient compliquées par des bruits mystérieux produits par des esprits frappeurs, par des tambours du zouave, etc., etc.

Ce pauvre diable, qui se nommait Lawrence, avait tout un matériel complet et ne pouvait résister à une visite domiciliaire ni à une recherche sur sa personne. Quand il vit que ses auditeurs se précipitaient sur lui, il chercha à se dérober par la fuite à leur étreinte. Dès qu'il reconnut qu'il ne pouvait y parvenir, il se jeta aux genoux de ses persécuteurs, promettant de prendre un métier honnête et de renoncer à sa triste profession.

Mais, malgré ses supplications, on s'assura de sa personne ainsi que de celle de son compère, nommé Chancelor. Nous n'avons pas eu occasion de savoir comment s'est terminée l'affaire.

Elle offre une trop grande analogie avec les précédentes, pour qu'il y ait un véritable intérêt à s'en préoccuper.

Nous renvoyons encore les personnes curieuses au *Times*, nous bornant de le citer pour mémoire, afin de bien montrer combien ces événements sont fréquents, et par conséquent pour faire comprendre que les médiums n'ont plus le champ libre, et que l'on dresse des contre-mines pour guérir de la folie spirite les classes laborieuses dans les rangs desquelles les charlatans recrutent souvent leurs adhérents.

Ces histoires doivent avoir pour nous un intérêt pratique, car elles sont un signe qu'un jour ou l'autre cette peste qui n'est qu'à l'état latent de ce côté du détroit, ferait de nouveau explosion, si l'on ne prenait l'avance et si l'on n'éventait ses captieuses théories.

CHAPITRE XXI

LES JOUEURS D'ÉCHECS AUTOMATES.

Au milieu du siècle dernier, on était dans l'admiration du chef-d'œuvre de Vaucanson, qui construisit un canard digérant le grain qu'on lui offrait, un joueur de flûte et un joueur de tambourin exécutant les mouvements naturels et produisant des sons aussi purs que ceux que l'on obtenait avec une serinette.

Quoique ces constructions supposassent chez celui qui les exécutait une habileté mécanique très-grande, l'Académie des sciences hésita longtemps avant de s'agréger l'auteur. Comme il se plaignait et qu'on le rapportait à Louis XVI : je lui ferai faire un académicien de carton, dit en riant ce prince.

Un pareil genre de gloire ne pouvait manquer de piquer la jalousie de nos rivaux d'outre-Rhin. Aussi, vers l'année 1770, le bruit se répandit qu'un mécanicien de Vienne, le baron de

Kampelen, conseiller aulique de Sa Majesté Marie-Thérèse, avait construit un automate qui laissait bien loin derrière lui tous ceux de Vaucanson.

L'automate du baron de Kampelen fut exposé dans plusieurs villes, présenté à différents souverains, et excita une admiration universelle facile à concevoir si une pareille combinaison avait pu être réalisée. En effet, le jeu d'échecs donne naissance à des positions si multiples qu'il est impossible d'écrire le nombre des combinaisons différentes qui peuvent se produire en suivant les règles du jeu, et auxquelles la machine devrait pourvoir par des procédés automatiques, si elle n'était guidée en secret.

La simple réflexion aurait dû faire comprendre qu'il y avait dans la boîte qui servait de pied autre chose qu'un ensemble de ressorts de cuivre et d'acier, mais qu'elle renfermait la cervelle vivante d'un compère.

En 1788, Decremps dans sa *Magie blanche dévoilée* avait expliqué tout au long le mécanisme permettant de réaliser ce tour d'escamotage.

Nous ne pouvons nous empêcher de copier *in extenso* ce passage remarquable auquel rien ne manque qui n'a pu empêcher tant de fourbes de s'enrichir pendant près de soixante-dix ans ; voilà comment cet auteur s'exprime pages 78 et 89 :

« Nous vîmes d'abord une figure d'homme de grandeur naturelle, habillée à la Turque et assise derrière une commode sur laquelle était placé l'échiquier. Toutes les portes de la commode furent ouvertes pendant quelques instants pour nous faire voir qu'il n'y avait dans l'intérieur que des rouages, des cadrans, des ressorts. L'automate n'avait pareillement dans son estomac, que des fils de fer, des cordes et des poulies. Le tout fut traîné sur des roulettes dans différents coins de la chambre, afin de bien montrer que la machine n'avait aucun rapport avec les appartements voisins. Après cette observation, il nous parut évident que l'automate ne se remuait que par ses propres ressorts, mais ses mouvements nous semblèrent bientôt être l'effet des raisonnements les plus profonds et les mieux combinés. Il gagnait presque toujours la partie contre les meilleurs joueurs, et pour cela il est constant qu'il était obligé de faire à chaque instant de nouvelles combinaisons, et de prendre quelquefois un chemin très-irrégulier pour surprendre son adversaire dans la marche arbitraire qu'il avait adoptée.

« Alors M. Van Estra nous dit que l'automate joueur d'échecs était mû par un nain, habile joueur, caché dans la commode. « Vous ne pouvez le voir, continua-t-il, lorsqu'on ouvre les portes ; parce qu'alors il a les jambes et les cuisses cachées dans des cylindres creux qui semblent destinés à porter des roues et des leviers. Le reste de son corps est en ce moment hors de la boîte et se trouve caché sous les jupons de l'automate. Quand on a fermé les portes de la commode, on tourne une manivelle sous prétexte de monter les ressorts de la machine, ce qui produit un bruit assez considérable ; les roues et les cliquets que l'on entend donnent en même temps un air de vraisemblance et de mystère à cette expérience. Le nain peut ainsi changer de place et rentrer dans la commode sans être entendu.

« Tandis qu'on promène la machine de part et d'autre sur des roulettes pour prouver qu'elle est bien isolée, le nain ferme la trappe par où il a passé ; ensuite on lève la jupe de l'automate, on fait voir jusque dans son estomac pour prouver qu'il n'y a aucune supercherie, et le tout se termine au grand étonnement des spectateurs qui attribuent à de simples ressorts ce qui ne peut provenir que d'un cerveau bien organisé.

« Il y a plusieurs moyens pour que le nain caché voie le jeu de son adversaire : on peut mettre dans chaque pièce du jeu un morceau de fer aimanté et sous chaque case une petite aiguille de boussole qui par son agitation marque la case qui vient d'être abandonnée. On peut donner mentalement un numéro à chaque case pour la distinguer de toutes les autres et exprimer le numéro à la personne cachée soit par la position et le nombre des doigts qu'on lui montre, soit par la manière dont on prononce certaines syllabes.

« On peut faire un échiquier semi-transparent qui, servant de dessus à la commode, laisse l'intérieur dans l'obscurité, afin qu'il ne puisse être vu de personne, et qui cependant y laisse entrer assez de lumière pour que le nain puisse voir tout ce qui se passe au dehors.

« Quant aux marques pour donner à l'automate les mouvements nécessaires, on voit que son bras et le levier intérieur peuvent être considérés comme un pantographe dont une extrémité se meut en tous sens pour dessiner un tableau en grand, tandis qu'on promène l'autre extrémité sur un tableau en miniature pour lui donner les mouvements en petit. »

Ces détails de la plus grande précision auraient dû éviter à nos aïeux une mystification grossière.

Mais un membre de l'Académie des inscriptions et belles-lettres nommé Dutens, personnage qui joua un certain rôle dans le monde de la diplomatie, et exerça même de hautes fonctions, se porta garant de l'honneur de l'automate. Comme le grand Hortius, il avait tout examiné par lui-même. Il savait qu'il n'y avait pas moyen qu'un nain si petit qu'on le supposât, se glissât dans la boîte.

Le tout était exposé dans un gros volume tout rempli de fadaises sur la colombe, construite par un philosophe grec, la mouche de fer et l'aigle d'acier d'alchimistes du moyen âge, la statue de Memnon et autres merveilles automatiques du monde ancien.

Decremps, après une vie fort agitée, finit par tomber dans la misère. Il mourut pauvre, puni d'avoir ignoré, a dévoilé les procédés commodes avec lesquels tant de charlatans se faisaient des rentes, si aisément.

L'automate joueur d'échecs qui avait été créé et mis au monde par Kampelen, fut promené triomphalement dans toutes les capitales de l'Europe et ramené à Munich où il fut acheté par le roi de Bavière. Le roi de Bavière le vendit à Frédéric II qui aimait les bizarreries de tout genre. Après la bataille d'Iéna, Napoléon, après avoir visité le tombeau du conquérant de la Silésie, voulut lutter avec son automate. Mais il se trouva à Berlin quelque nain assez bon joueur d'échecs (ce qui n'était pas difficile) pour remporter la victoire sur le conquérant jusqu'alors invincible. Il paraît que Napoléon fut fortement piqué ; cependant il n'osa employer la puissance que le sort des armes lui avait donnée et mettre en morceaux la machine qui avait triomphé de son génie.

Un peu après le rétablissement des Bourbons un autre mécanicien allemand nommé Mælzell se présenta comme étant l'acquéreur de l'automate du baron de Kampelen. Il y joignit quelques pièces construites avec beaucoup d'intelligence dans la combinaison desquelles il s'était donné le problème de rivaliser avec Vaucanson. Il exhibait également un oiseau qui semblait voltiger dans un arbre à l'aide d'un truc fort ingénieux. La tige qui soutenait l'oiseau et qui était à peine visible coïncidait tantôt avec une branche placée au-dessous de ses pattes, tantôt avec la branche située au-dessus de sa tête. Dans l'intérieur de l'animal se trouvaient tous les rouages nécessaires pour lui donner les mouvements d'un oiseau vivant et pour le faire chanter. Mælzell montrait encore un automate qui dessinait des fleurs probablement à l'aide du pantographe qu'un compère, caché dans le piédestal, faisait mouvoir.

Ce cabinet de curiosités fut exposé à Paris dans la galerie des Panoramas qui venait d'être construite. Il eut un succès tel que Louis XVIII fit venir le joueur d'échecs automate aux Tuileries. Le roi fut battu et les patrons de l'automate gagnèrent ainsi de forts paris qui avaient été engagés.

Après avoir exploité Paris, Mælzell porta son automate à Londres où il eut l'honneur de jouer avec le prince régent qui fut battu suivant l'habitude des têtes couronnées avec lesquelles l'automate ne sentait pas le besoin de faire le courtisan.

Du moment qu'un prince aussi puissant avait été dupé, le devoir et la science était de prouver que son Altesse avait raison.

Un mathématicien anglais, nommé Babbage, habile homme du reste, publia des mémoires dans le *Journal philosophique*, pour démontrer par des formules indiscutables que la construction d'un automate joueur d'échecs n'était point une impossibilité matérielle. En auteur prudent Babbage ne se prononçait pas directement sur la réalité du mécanisme qui faisait courir tout Londres, mais il ne voyait rien d'absurde à ce qu'une machine pût remplacer le cerveau d'un Philidor; nous ferons grâce à nos lecteurs des raisonnements que Babbage employa.

Mælzell partit donc pour l'Amérique précédé par une immense publicité et il y obtint un succès prodigieux. Il y séjourna un grand nombre d'années.

Il se trouvait à Philadelphie, lorsque Barnum y établit le cabinet de curiosités où il exhiba la vieille négresse à laquelle il donnait 180 ans, et qu'il prétendait avoir été la nourrice de Washington. Le roi des mystificateurs parle avec le plus grand respect dans ses *Confessions* de Mælzell, le mystificateur des rois.

L'automate devint la proie des flammes dans un incendie qui entraîna de grands désastres à Philadelphie en 1851.

On apprit alors le secret que Mælzell n'avait plus intérêt à cacher. Le nain qui jouait si bien aux échecs et qui avait si longtemps suivi la machine était le propre neveu de Philidor. Il se nommait Mouret.

De nos jours on a fait revivre l'automate joueur d'échecs. On en exhiba au Crystal palace de Londres, dans le courant de l'année 1876. Il se mesure sans difficulté avec le premier venu et gagne généralement, quoiqu'il ne soit pas de force exceptionnelle. Le prix de la partie est fixé à la somme très-modique de *un shelling* (25 sous).

Avant de commencer la séance on ouvre tous les panneaux de la boîte sur laquelle l'échiquier est placé, mais on les referme soigneusement. Cette circonstance, jointe à ce que le joueur d'échecs du Palais de cristal est à demeure, fait supposer à un écrivain du *Cornhill magazine* qui a joué avec la pièce que le plancher est mobile, et qu'il se dérange pour laisser passer le compère quand l'inspection est terminée.

On a montré, à la même époque, un joueur d'échecs automate au palais des Champs-Élysées de Paris. Cette pièce que nous avons eu occasion d'examiner soigneusement il y a deux ans, possède de plus le talent de jouer à l'écarté.

Mais on ne joue point de partie régulière avec l'automate des Champs-Élysées. Il se borne à répondre suivant les règles ordinaires du jeu à des échecs qui sont adressés à son roi.

Comme la personne qui montre la pièce cause continuellement avec les spectateurs et donne une multitude d'indications, il est probable que le compère caché sous la table est averti par les mots convenus que le démonstrateur prononce, et que, sans voir ce qui se passe au-dessus de sa tête, il en sait comment diriger le bras.

Le Barnum de la machine prétend qu'elle a été construite par le célèbre Robert Houdin et qu'elle marche à l'aide de l'électricité. Il serait à la rigueur possible de supposer que le compère voit ce qui se passe dans la salle, et met en mouvement le bras à distance avec des électro-aimants. Mais quoique logiquement possible, cette explication est moins simple que celle que nous avons présentée plus haut.

Il ne s'est trouvé ni à Londres un nouveau Babbage, ni à Paris un nouveau Detens pour patronner cette pièce. Aussi l'exhibition n'a duré que peu de temps et n'a eu qu'un médiocre succès.

L'année dernière il a paru à New-York un nouvel automate, joueur d'échecs, dont nous avons donné le dessin dans l'*Illustration* de Paris, d'après le *Daily graphic* de New-York.

La pièce offre une particularité intéressante : la boîte dans laquelle le compère se placera s'ouvre pour rendre possible un semblant d'inspection.

Pendant cette vérification le compère qui est de petite taille, se tient dans la partie supérieure du mannequin.

Quand on a refermé les portes, il diminue la capacité de la boîte, ce qu'il peut faire facilement parce que le fond supérieur est à tirage, et il s'en sert comme d'un escabeau pour s'asseoir à son aise.

En outre, le visage de la pièce est fabriqué avec une composition transparente de sorte que le compère qui s'y tient accroupi voit parfaitement tout ce qui se passe au dehors. Il peut donc remuer le bras de manière à prendre les pièces sur l'échiquier, comme avec une sorte de pince. Il a en outre devant lui un cadran avec une aiguille qui lui permet de marquer les chiffres ou les lettres, de manière à répondre à toutes les questions.

Il n'est pas inopportun de faire remarquer que grâce à la publicité obtenue par ces révélations aucun de ces faux automates n'a tenté de profiter du grand concours de dupes que l'Exposition universelle avait forcément convoquées à Paris pour l'exposition de 1878.

Nous n'avons pas entendu dire que ces pickpockets de la raison se soient hasardés à exploiter notre grand Paris.

CHAPITRE XXII

LE ZOUAVE DE LA ROQUETTE.

Vers le mois d'août 1867, un de mes compagnons des barricades de février et des luttes de la République de 1848 vint me raconter d'un air ému les miracles opérés par un simple trombone d'un régiment de zouaves, disciple de Mars et d'Apollon qui guérissait tous les maux d'une façon digne des temps apostoliques; à peine s'il adressait la parole aux malheureux qui venaient le trouver. Il n'avait pas besoin de faire l'imposition des mains. Un regard suffisait, car il passait rapidement devant une fournée de patients, et ceux que frappait le feu de sa prunelle se trouvaient instantanément soulagés.

Ces faits dont aucun journal n'avait encore parlé se passaient dans un passage de la rue de la Roquette, à une demi-portée de petits chassepots, des pierres sacramentelles sur lesquelles se place la guillotine.

Mon ami décrivait avec les plus vives expressions d'enthousiasme les multitudes qui accouraient auprès de ce militaire jouissant d'une faculté si étrangère au métier des armes.

Des foules compactes de malades attendant leur tour d'être admis dans le petit cabinet où le zouave Jacob passait ses revues miraculeuses entravaient la circulation.

Que de malédictions contre le chef de musique et même contre le colonel quand ils n'avaient pas donné à cet homme merveilleux, de répandre sur la population parisienne des flots de santé.

C'eût été un jour de deuil si on l'eût mis à la salle de police, et, si on l'eût obligé d'interrompre en temps épidémique, le peuple se fût mis en insurrection.

Mon ami me somma avec toute l'autorité que donnent des relations vieilles de vingt ans, de ne point garder sous mon boisseau une lumière aussi éclatante que la lune pour le moins.

Comment ne point se rendre à un appel aussi pressant ? J'allai donc rue de la Roquette où je trouvai tout le quartier en révolution.

Des milliers de personnes, dont quelques-unes venaient de fort loin, avaient été déçues dans leur plus chère espérance : le zouave ne venait pas, on lui avait refusé la permission de soulager l'humanité souffrante.

On aurait pu écrire au charbon sur ces murs, les murs du petit cimetière Sain-Médard et dont nous aurons à parler plus bas :

« De par le *colonel* défense même à Dieu
« De faire désormais un miracle en ce lieu.

Je n'interrompis pourtant point mon enquête et j'eus occasion de m'entretenir plusieurs fois avec le héros de cette aventure, comme je vais le rapporter avec détail un peu plus bas. Je le rencontrai même à Londres où il a continué ses guérisons merveilleuses avec beaucoup moins de retentissement et d'éclat.

Quoique M. Jacob fit preuve d'une grande finesse, ses conversations m'avaient moralement fixé ; une circonstance peu prévue vint compléter la démonstration.

Je ne pensais plus au zouave lorsque je reçus la visite d'un M. M*** qui était chargé d'introduire les malades, et qui, mécontent de la manière dont on avait reconnu ses services, venait me raconter comment les choses se passaient. L'histoire était si simple, si facile à comprendre, que je m'en voulus beaucoup de ne point avoir été assez perspicace pour pénétrer tout seul la vérité.

L'encombrement était si grand et l'arrivée du zouave guérisseur si peu certaine qu'il fallait ne pas avoir cent sous dans la poche pour ne point chercher à se soustraire aux ennuis, aux périls même d'une attente aussi prolongée. Comment ne point glisser une pièce d'or dans la main de l'homme compatissant qui vous réservait un numéro de faveur dans la distribution des cartes réglant l'ordre des tours? comment oublier qu'il vous avait envoyé un télégramme pour vous avertir du jour où le zouave délivré de son service militaire était tout entier à ses devoirs d'humanité ?

Comme tous les saints du monde le zouave guérisseur avait ses sacristains. C'est parce que ces derniers n'étaient pas tombés d'accord sur le partage du butin que l'un d'eux venait me faire la confidence que je viens de rapporter, mais revenons à la visite que je fis à ce personnage miraculeux. Une longue cour d'apparence assez pittoresque était remplie de personnes anxieuses s'échauffant l'une l'autre en se racontant des histoires fort extraordinaires, destinées à célébrer l'influence miraculeuse de quelques regards bénis.

Malgré mon scepticisme bien naturel, je ne pus me défendre d'être influencé par l'atmosphère superstitieuse que je respirai pendant deux longues heures avant d'être admis à l'honneur de m'entretenir quelques instants avec le trombone.

Je ne sortis point de l'étroit cabinet, où je n'aurais pas été admis si je n'avais décliné ma qualité de journaliste, sans concevoir les doutes les plus sérieux sur la réalité du pouvoir que l'on attribuait au zouave guérisseur, car lui-même était trop modeste pour s'attribuer aucun pouvoir : « On dit que je guéris, disait-il, avec une humilité touchante, pour moi je n'en sais rien ! C'est à vous de vous informer des guérisons que je peux faire ; pour moi, je ne m'en inquiète en aucune façon. » L'atmosphère de superstition n'eut pas l'effet de me rendre moi-même crédule. Cependant l'affluence extraordinaire de malades me semblait inexplicable, si la comparution dans le cabinet était dépourvue de toute espèce d'effets. Je crus donc devoir suspendre tout jugement jusqu'à plus ample informé ; et, pour rendre mon enquête plus facile, je me bornai à publier dans la *Liberté* une sorte de procès-verbal de mon entretien.

Mon article, quoique plein de réticences, eut un retentissement immense, dont je fus moi-même effrayé. Dès le lendemain on s'étouffait non-seulement dans le passage, mais dans la rue de la Roquette elle-même. Comme cette rue sert de grande route pour le passage des corbillards, la police put croire un instant que le cimetière allait être bloqué. Singulière manière d'opérer des miracles pour un marchand de santé !

Quelques lignes tombées de ma plume obscure, ô miracle le plus grand de tous, avaient suffi pour faire du zouave un personnage presque aussi connu que Troppmann devait l'être quelques mois après. Je me consolai en pensant que tout ce tapage pourrait m'aider à faire mon enquête ; mais je ne tardai point à me trouver arrêté par le vague excessif des renseignements qui couraient comme articles de foi dans les rangs tumultueux de cette foule crédule. Je compris alors, mais trop tard pour cette occasion, qu'il ne faut jamais jouer avec ce feu infernal qui se nomme la superstition.

Jamais, quoique je me fisse aider dans cette enquête par une femme pénétrante, je ne fus capable de découvrir l'adresse d'un seul des boiteux qui avaient jeté leurs béquilles en l'air en sortant de la consultation, ni même d'une seule personne qui eût été guérie d'un mal défini. Je fus également hors d'état d'observer quelque chose qui ressemblât à une guérison sur des sujets impressionnables, affectés de maladies nerveuses, genre d'affections que l'on pouvait croire le zouave guérisseur apte à traiter. S'il se fût borné à opérer sur les malades imaginaires, quels services n'eût-il pas rendus ! Il eût été encore le premier des docteurs ; mais ce trombone n'était pas un élève de Molière cherchant à guérir de la médecine.

Sur ces entrefaites, le maréchal Forey eut recours à la puissance mystérieuse de Jacob pour se débarrasser de rhumatismes qui le tenaient perclus. La visite de ce personnage donna naissance à des contes et à des commérages sans nombre; mais ces niaiseries, auxquelles le *Petit Journal* et les autres feuilles analogues donnèrent naissance, furent démenties par l'aide de camp du maréchal. Le scandale qui résulta de ces *communiqués* amena la suspension des visites, malgré les craintes d'émeutes que l'on avait habilement semées. L'autorité militaire avait renouvelé, avec un immense succès, le coup d'État plus difficile exécuté par l'autorité royale contre les convulsionnaires, il y a quelque cent cinquante ans.

CHAPITRE XXIII

LES GUÉRISSEURS.

Si nous avions été plus versé alors dans l'histoire des folies et des passions humaines, nous n'eussions point si rapidement suivi notre ami chez le zouave de la rue de la Roquette. Nous l'eussions prié de lire un passage qui se trouve à la fin du premier volume du *Traité des superstitions*. En effet notre savant guide nous raconte avec sa bonhomie ordinaire, l'histoire d'un garde champêtre de son temps dont le zouave Jacob n'est que le plagiaire, et qui lui-même avait sans doute copié quelque charlatan du temps passé.

« Je connais, dit l'abbé Thiers, un sergent de village qui récite l'oraison suivante pour tous les malades, pour tous les blessés qui se présentent à lui, afin d'être guéris miraculeusement : « Au nom du Père et du Fils, du Saint-Esprit, de madame sainte Anne qui enfanta la Vierge Marie, qui enfanta Jésus-Christ, Dieu te bénisse et te guérisse, pauvre créature, en l'honneur de Dieu et de la Vierge Marie, et de monsieur saint Côme et saint Damiens, amen ! » Ce qu'il y a de plus considérable, ajoute incontinent le bon curé avec cette pointe d'ironie dont il n'omet jamais de saupoudrer toutes ses œuvres, « c'est que cette oraison guérit presque toujours ceux pour qui elle est dite, ainsi que l'ont assuré plusieurs personnes dignes de foi. »

Lorsque le zouave guérisseur voulut réparer l'effet de la visite du maréchal Forey, qu'il n'avait pu soulager contrairement à toutes les règles de la subordination militaire, il se fit auteur. Il fit paraître un ouvrage intitulé : les *Pensées du zouave guérisseur*, dignes de figurer à côté des *Pensées d'un emballeur*, publiées il y a quelques années dans le *Tintamarre*, par le spirituel Commerson.

Cette brochure ambitieuse est précédée de la prière dont le zouave Jacob a prétendu s'être servi, et qu'il recommande avec une audace étrange à ceux qui veulent jouer le rôle de bienfaiteurs de l'humanité. Cette oraison est à peu près semblable à celle que l'abbé Thiers met dans la bouche de son sergent de village miraculeux.

N'est-ce point une analogie accusatrice ? Comment admettre que l'éditeur de Jacob ait ignoré l'existence d'un ouvrage classique, espèce d'arsenal de superstitions ? Quand on veut inventer des trucs commodes, la première chose à faire n'est-elle pas de s'inquiéter des recueils, où l'on doit les trouver énumérés ?

Qui sait, hélas ! si nous-même parmi nos futurs lecteurs nous ne trouverons point quelque habile charlatan ?

Ne soyons pas trop sévère pour ce sergent de village. Que faisait-il après tout ? n'était-il point permis de s'attribuer à soi-même une portion de la puissance mystérieuse que les rois de France réclamaient, et que toute la nation leur reconnaissait ?

Le pouvoir que les successeurs de Capet recevaient sur la scrofule dans la cérémonie de leur sacre a fait, pendant plus de mille ans, partie du droit public des Français.

Tous les princes qui ont régné sur nos ancêtres, à l'exception d'Henri IV, l'ont exercé publiquement aussi sérieusement que les autres attributs du pouvoir souverain.

Cette vertu surnaturelle leur était conférée dans la cérémonie de leur sacre avec une ampoule céleste qu'un ange avait apportée à saint

Remi. La guérison des scrofuleux était une superstition nationale dont il n'était point permis de douter, plus qu'il ne l'était de se prononcer contre l'infaillibilité papale, dans l'intérieur des États romains. Elle était si bien enracinée, que la Révolution française n'eut pas la force de la faire oublier. En 1825, les dévots eurent l'audace de chercher à la restaurer.

Jamais cependant conte plus ridicule n'avait été proposé, imposé à la crédulité populaire. Depuis plus d'un siècle avant Louis XVI, l'histoire de la sainte ampoule embarrassait tous les valets de plume payés pour trouver des sophismes qui permissent de la justifier, au moins aux yeux de certaines gens. L'abbé Vertot, qui écrit une apologie de ce miracle dans le second volume des *Mémoires de l'Académie des inscriptions et belles-lettres,* avoue qu'il ne peut trouver d'autre origine à cette tradition grotesque, que les écrits de Hincmar, violent et rapace évêque de Reims qui vivait du temps des derniers Carlovingiens. Ce prélat simoniaque et sanguinaire, qui n'avait pas reculé devant des crimes pour monter sur son siége épiscopal, devait considérer comme un péché moins que véniel de falsifier l'histoire pour faire de l'Église de Reims la tête de l'Église de France, pour obliger nos rois à courber le front devant l'huile miraculeuse du successeur de saint Remi. C'est, du reste, cet Hincmar, et cela seul suffira pour faire juger son bon sens, qui ne se contente pas de faire descendre les Français des Troyens, et qui décrit gravement les étapes qu'ils ont suivies en venant des bords du Scamandre sur ceux de la Loire et du Rhin.

Grégoire de Tours, le grand marchand de miracles, si curieux de faire justifier par le ciel lui-même l'invasion des Francs, n'avait pas fait mention d'une merveille si propre à corroborer sa thèse ! Il n'était pas, il est vrai, comme Hincmar, nous ne dirons point orfèvre, mais évêque de Reims ! Le récit d'Hincmar fait, en outre, mention de circonstances miraculeuses de nature à compléter la démonstration aux yeux des populations barbares, mais bien compromettantes aujourd'hui, à une époque où, comme le dit Paul Louis, on a commencé à compter sur ses doigts !

La sainte ampoule aurait été apportée à saint Remi par un ange, pendant la nuit précédant le sacre du chef des Barbares qui, las de ravager la France, cherchait à s'y établir définitivement. Le don de la sainte ampoule aurait été accompagné de celui d'une bouteille inépuisable à laquelle Clovis, sa cour et son armée pouvaient se désaltérer dans les expéditions que le ciel favorisait.

Cette bouteille, bien plus précieuse que la sainte ampoule, puisqu'elle se tarissait elle-même dans les expéditions injustes, fut brisée par quelque monarque dont Hincmar néglige de faire connaître le nom à la postérité indignée. Que de millions ne nous aurait point épargnés la possession de ce talisman. Que de fois le vin prophétique aurait-il refusé de couler, même dans ces dernières années, quand les successeurs de Clovis faisaient inutilement couler le sang de cette bouteille véritablement inépuisable d'or et d'argent qui se nomme le peuple français !

La Révolution française, qui supprimait le trône comme un meuble inutile, ne pouvait conserver les amulettes monarchiques. La sainte ampoule devait être brisée. Elle le fut en effet par la main d'un membre du comité de salut public, le représentant Ruhl, froid et sévère Alsacien.

Ruhl portait bravement le poids de ses soixante hivers. C'était un grand vieillard à barbe blanche, ami du solennel, à la démarche grave, imposant, théâtral comme on l'était au commencement de la Révolution. Il voulut donner à la destruction de cette sotte relique un cachet de majesté qui pût frapper vivement l'esprit des populations. Il convoqua donc sur la place publique le peuple rémois, et, se mettant à la tête des vieillards, il s'avança en face du lieu où s'était réuni le groupe des enfants vêtus de blanc. Alors, il prit la parole au nom de la république, pour prêcher la haine des tyrans. Le discours de Ruhl, qui n'a point été conservé dans les journaux du temps, fut, à ce qu'il paraît, cependant d'une grande éloquence, d'une grande élévation d'idées. Après avoir développé avec feu les principes du vrai républicanisme, Ruhl saisit la sainte ampoule et la brisa contre la statue, monument de servilité publique que l'on avait élevé au royal amant de la Pompadour et de la Du Barry.

Après cette exécution, accompagnée de chants patriotiques, Ruhl fit ramasser les débris de la bouteille qu'il venait de casser pour les envoyer à la Convention nationale. L'assemblée les reçut avec de vifs applaudissements dont le *Moniteur universel* fait mention. L'organe officiel du gouvernement républicain ajoute un détail touchant : « Les fragments de cette fiole ridicule étaient enveloppés dans une des chemises données par les fournisseurs aux volontaires de la République. Le représentant Ruhl avait profité de l'occasion, pour montrer à la Convention nationale comment on vêtissait les défenseurs de la patrie... »

Les marchands de miracles de la Restauration pourraient citer le sort de Ruhl comme une preuve de la divinité de la sainte ampoule, sur laquelle il avait commis un sacrilège. En effet, Ruhl, qui avait échappé à la réaction thermidorienne en donnant sa démission de membre du Comité de salut public, fut décrété d'arrestation lors des journées de prairial, pour avoir harangué les femmes qui l'entouraient. Ses amis allaient sans doute parvenir à le sauver, car il avait été maintenu chez lui en état d'arrestation, au lieu d'être immédiatement incarcéré comme ses coaccusés. Il eût sans doute été facile de prouver qu'il n'avait fait que chercher à calmer l'irritation du peuple qui l'entourait. Mais le désespoir d'apprendre le supplice de tant de bons citoyens, la douleur de voir la République en proie à une nouvelle réaction, le conduisirent au suicide ; les gardes le trouvèrent étendu sur son lit ! Le malheureux s'était poignardé !

Des gens simples pourraient croire qu'il ne pouvait plus y avoir de sacre avec la sainte ampoule de saint Remi, puisque la sainte ampoule avait été brisée en présence du peuple rémois, une trentaine d'années auparavant, et qu'il était impossible d'effacer le souvenir d'un pareil événement. Mais les marchands de miracles de la Restauration n'étaient point arrêtés pour si peu.

Le *Moniteur* de mai 1825 se charge de nous apprendre que des morceaux de la sainte ampoule, grâce à la protection du ciel qui veille si visiblement sur les Bourbons, ont été miraculeusement retrouvés.

M. le curé de Saint-Remi, M. Sezanier et le principal marguillier, M. Hourelle, qui, suivant le journal officiel, avaient eu cette précieuse relique à leur disposition pendant quelques heures, avant que Ruhl ne la brisât sur la place Royale, en avaient extrait quelques parcelles de l'huile qu'elle contenait. De plus, au moment où le conventionnel brisait la sainte ampoule, d'autres citoyens, animés d'un zèle pieux, étaient parvenus à ramasser quelques morceaux du vase. Or, en matière de relique, il est admis que le poids ne fait rien, tout était donc sauvé ! Après la tourmente révolutionnaire on se parla, on se réunit et on mit en commun les restes précieux qu'on avait soustraits à la fureur des Vandales. Des procès-verbaux authentiques furent alors dressés ; ils constatèrent les faits et l'identité des fragments miraculeusement retrouvés. L'ange était dépassé !! Il n'y avait qu'un point noir, c'est que le garant de ce récit, son inventeur, était ce diplomate qui, comme Hincmar, mentait toujours, et que l'on nommait monseigneur le prince de Talleyrand.

Malgré cette miraculeuse découverte, des bruits inquiétants se répandaient de toutes parts. Des gens bien informés prétendaient que l'on considérerait comme inutile l'emploi de la sainte relique pour les onctions de Sa Majesté.

Mais les personnes pieuses dont nous avons cité les noms se hâtèrent d'adresser à Sa Majesté une supplique pour que les débris de la sainte ampoule fussent employés à la consécration royale. La supplique fut favorablement accueillie, et Sa Grandeur Mgr Latil, cardinal de la sainte Église, refit une sainte ampoule à l'aide de bribes suspectes présentées sous les auspices de ce grand escamoteur de royaumes que nous avons déjà cité.

Il faut avouer que le saint Esprit parut protester, car l'arrivée de Charles X fut précédée de présages que sans doute le plus hardi des Césars n'aurait osé braver.

A la descente de Fisme, au moment où les

batteries de l'artillerie de la garde, qui étaient placées dans un vallon, sur la gauche de la route, firent feu, les chevaux de la voiture où étaient MM. les ducs d'Aumont et de Damas, les comtes de Cossé et de Curial, se sont effrayés et ont pris le mors aux dents. La voiture a été brisée ; M. le comte Curial a eu la clavicule cassée et l'oreille droite coupée par les glaces des stores. M. le duc de Damas a été dangereusement blessé. Un événement beaucoup plus grave faillit avoir lieu, car les chevaux eux-mêmes de la voiture de Sa Majesté s'étaient emportés !

Il serait trop long de suivre pas à pas le roi dans ce long cérémonial, qui avait été un peu abrégé cependant par respect pour le progrès des lumières. On avait également supprimé quelques-uns des passages les plus ridicules du serment. Charles X ne jurait plus d'augmenter les possessions des monastères, ce que font du reste beaucoup de princes, sans avoir été sacrés. Il ne demandait plus à l'Éternel d'augmenter la graisse de la terre, afin qu'elle produise de plus abondantes moissons ; mais la partie essentielle de la cérémonie avait été conservée, et sans la révolution de Juillet, nous aurions certainement assisté à une nouvelle représentation de cette comédie. Car la sainte ampoule est précieusement conservée, comme fiole d'attente, dans la cathédrale de Reims, où nous avons eu l'avantage de la voir, moyennant une pièce de dix sous mise dans la main du sacristain.

Si deux familles de princes si longtemps divisées pour des haines séculaires se mettaient d'accord pour piller de nouveau la France, la sainte ampoule sortirait des mains de ce sacristain pour passer dans celles des évêques et des chambellans; mais, sans nous arrêter à l'étude de si piteuses éventualités, reprenons la suite de notre tableau du sacre.

Le roi se met pieusement à genoux, les mains jointes, devant le cardinal Latil; ce prélat tient componctionnellement la patène d'or du calice de Saint-Remi, où il avait mis préalablement quelques gouttes tirées de la sainte ampoule n° II, dont nous avons raconté la préparation. Le cardinal Latil prend un peu de cette matière grasse avec son pouce sacerdotal, et il touche sur le sommet de la tête du monarque agenouillé. Aussitôt le cardinal Clermont-Tonnerre, qui fait les fonctions de porte-coton, essuie les traces que le pouce sacerdotal a laissées sur les cheveux du roi. La deuxième onction a lieu sur la poitrine, ce qui nécessite l'intervention des deux cardinaux assistants ; l'un écarte la chemise et l'autre la camisole du roi. Charles doit encore subir cinq autres onctions pareilles ; la première entre les deux épaules, la seconde sur l'épaule droite, la troisième sur l'épaule gauche, la quatrième sur le pli du bras gauche, et la cinquième sur le pli du bras droit. Fort heureusement pour la décence, les onctions s'arrêtent là !

Charles X, peut-être le seul de son entourage à prendre le sacre au sérieux, ne pouvait se dispenser de faire l'épreuve de la puissance miraculeuse que les onctions saintes lui avaient donnée.

Le 21 mai 1825, après avoir entendu la messe dans ses appartements, le roi sortit à dix heures du palais archiépiscopal, conformément à l'étiquette traditionnelle. Sa Majesté, précédée des hussards de la garde et de ses pages, était montée sur un cheval blanc magnifiquement caparaçonné, et suivie d'un brillant état-major, dont le *Moniteur* du temps nous a conservé la nomenclature. Le cortége se dirige vers l'hôpital de Saint-Marcoul, au milieu d'une foule immense, qui fait retentir sur le passage de Sa Majesté les plus vives acclamations. Que de vieillards avaient salué de chants patriotiques la destruction de la sainte ampoule et figuraient dans les rangs de cette masse stupide, rangée sur le passage d'un roi miraculeux ! Les discours de Ruhl, quelque éloquents qu'ils fussent, avaient été oubliés !

Après avoir fait une première prière dans la chapelle de l'hôpital avec une componction dont toutes les personnes présentes sont frappées, le roi monte dans les salles où l'on avait réuni un groupe, sans doute fort repoussant, de 121 scrofuleux.

A la tête de ces malades se trouvaient le 1er chirurgien ordinaire et le 1er médecin ordinaire, qui n'était autre que le célèbre Dupuytren. C'est Dupuytren, une des lumières du corps médical, un savant d'une réputation universelle, qui eut l'audace de servir de compère dans cette comédie !

Charles X jouait son rôle avec le sérieux qu'il devait avoir cinq ans plus tard sans doute en signant les immortelles ordonnances de Juillet. Le *Journal officiel*, semble avoir honte d'enregistrer ce récit, et prête au roi un discours moins absurde que celui qu'il a réellement prononcé. La cérémonie est transformée en simple visite d'hôpital ; Charles aurait dit : « Le roi vous touche, mais Dieu vous guérira. »

Le *Moniteur universel* ajoute avec une naïveté singulière : « Cette scène *touchante* excite vivement la reconnaissance des malheureux malades ! » Pour *touchante*, elle l'était en effet ! La suite ne l'est pas moins. Les sœurs qui dirigeaient l'hôpital de Saint-Maclou ont reçu de la bouche du roi et de celle de madame la Dauphine des témoignages de satisfaction pour les soins qu'elles apportent au soulagement des malades. Puis elles se sont jetées aux pieds du roi, et, suivant un usage qui paraît établi sur une vieille tradition superstitieuse, elles lui ont demandé sa bénédiction. Sa Majesté la leur a donnée, toujours avec la même inépuisable gravité; puis elles ont été admises à baiser la main de l'oint du Seigneur. « Cette faveur, ajoute le récit officiel, a comblé les saintes sœurs de joie. Des larmes de reconnaissance coulaient de leurs yeux! » On pleurerait à moins !

Ce qui est véritablement miraculeux, diront avec nous nos lecteurs, c'est que personne n'ait perdu son sang-froid en présence de ces désopilantes démonstrations. Cicéron avait la naïveté de s'étonner que deux augures pussent se regarder sans rire ; qu'aurait-il donc dit, s'il avait vécu du temps de la dernière parade royale accomplie à l'hôpital de Saint-Maclou ?

Comment ne point attirer d'une façon formelle l'attention de nos lecteurs sur les savants qui ont sanctionné de leur présence, de leur autorité, cette jonglerie ! Ne soyons point indulgents pour les hommes qui ont prostitué leur réputation. Si d'autres Dupuytrens avaient jamais le triste courage de conduire un autre Charles X auprès de nouveaux scrofuleux, il faut qu'ils ne puissent point compter sur l'impunité de l'histoire !

C'est sans doute l'idée d'expliquer à l'aide du magnétisme les miracles du roi, qui excita l'enthousiasme du pauvre marquis de Puységur, jusqu'à lui donner l'idée fatale de camper en place publique sous la tente que son père avait à la bataille de Fontenoy.

Au lieu de lui procurer un triomphe, cette folie, comme nous l'avons vu plus haut, lui coûta la vie.

Ce serait calomnier notre siècle et notre France que de ne pas rappeler à ce propos quelques-uns des vers immortels du prince des chansonniers français.

Mettant sous le nom de Charles le Simple les couplets qu'il décocha à Charles X, le chantre de Lisette s'exprime ainsi :

> Français, que Rheims a réunis,
> Criez : Mont joie et Saint-Denis.
> On a refait la sainte Ampoule,
> Et comme au temps de nos aïeux,
> Des passereaux lâchés en foule
> Dans l'église volent joyeux ;
> D'un joug brisé ces vains présages
> Font sourire Sa Majesté.

Le peuple s'écrie en voyant passer les colombes :

> Oiseaux plus que nous sages,
> Gardez bien, gardez votre liberté !
> Aux pieds de prélats cousus d'or,
> Charles dit son *Confiteor.*
> On l'habille, on le baise, on l'huile,
> Puis, au bruit des hymnes sacrés,
> Il met la main sur l'Évangile.
> Son confesseur lui dit : « Jurez ! »
> Rome, que l'article concerne,
> Relève d'un serment prêté.....
> . . . .
> Oiseaux, ce roi miraculeux
> Va guérir les scrofuleux.
> Fuyez, vous qui de son cortége
> Dissipez seul l'ennui mortel,
> Vous pourriez faire un sacrilége
> En voltigeant sur cet autel.
> Des bourreaux sont *les sentinelles*
> Que pose ici la pitié !
> . . . .
> Oiseaux, nous envions vos ailes.
> Gardez bien, gardez votre liberté !

Cette protestation du vieil esprit gaulois ne pouvait être tolérée par le gouvernement des Bourbons. Béranger fut traduit devant le tri-

bunal de police correctionnelle, présidé par
M. Melin. Il fut condamné à plusieurs mois de
prison, après un réquisitoire digne de ceux que
nous avons entendu fulminer si souvent depuis
quelques années.

On ne tint pas mieux compte à Béranger de
ce qu'il avait choisi, dans toute cette cérémonie,
le seul épisode qui ne fût point entièrement ridicule. N'est-ce pas un poétique symbole que
ces oiseaux remis en liberté ?

Mais sans doute les colombes n'oublièrent
pas le captif, car on raconte encore à Sainte-Pélagie que souvent ces charmants hôtes du ciel
venaient distraire le poëte en voltigeant devant
les barreaux du pavillon des Princes où il fut
renfermé.

Je ne serais point étonné que l'émotion inséparable de la vue d'un roi venant toucher les
plaies des pauvres ait pu produire un effet
salutaire, que les cataplasmes et le scalpel
n'auraient obtenu. La médication morale était
certainement susceptible de produire quelques
effets, surtout à l'époque où la majesté de la couronne possédait un prestige dont elle a été complétement dépouillée.

Aussi n'est-il pas surprenant de voir que
Charles X ait eu des imitateurs dans des

temps plus voisins de nous, et cela parmi les princes qui n'avaient plus de trône.

Le jeune prince de Hohenzollern, treizième ou quatorzième fils d'un seigneur de Bavière qui prétendait descendre des Carlovingiens, s'imagina vers le même temps être possesseur d'un pouvoir analogue. Ce fut à la suite d'une vision vraie ou fausse dont il a décrit minutieusement toutes les péripéties dans ses Mémoires ; nous ferons grâce à nos lecteurs de ce roman peu clair sur lequel se sont exercés les théologiens du temps.

Le récit des hauts faits du prince de Hohenlohe remplit les colonnes de l'*Ami du Roi et de la Religion* et autres feuilles béates, aînées de de notre *Rosier de Marie*. Comme Charles X, le prince allemand entreprit d'opérer des cures miraculeuses dans les hôpitaux ; de lignée encore plus haute que les fils de Capet, et prince de la Sainte-Église par-dessus le marché, il ne se bornait point à la spécialité des écrouelles ; mais il ne trouva pas des docteurs aussi complaisants que Dupuytren. Ses tentatives aboutirent à de honteuses déconvenues, dont on peut lire le récit dans un traité spécial de Paulus, éditeur de Sophroniston et correspondant de l'abbé Grégoire, cet ennemi juré de toutes les momeries. Les échecs du prince de Hohenlohe furent si grands, si répétés, que le pape ne voulut point sanctionner les étranges miracles qu'il prétendait avoir accomplis. Mais le prince de Hohenlohe ne se laissa point détourner de son apocryphe mission, et de tous les points du monde des malades vinrent le trouver, tant la superstition est tenace et difficile à décourager; on n'évalue pas à moins de dix-huit à vingt mille, chiffre énorme pour l'époque, le nombre des personnes qui visitèrent à Inspruck le monastère où il s'était retiré ; le thaumaturge ridicule ouvrit une sorte de cabinet de correspondance miraculeuse. Il traitait gravement ses clients à distance, à condition qu'on lui écrirait par lettres affranchies. Car ce marchand de miracles n'avait pas trouvé moyen d'accomplir la plus grande de toutes les œuvres magiques. Il lui avait été impossible d'obtenir que l'administration des postes féodales de Latour et Taxis renonçât à percevoir ses droits ! Les prescriptions du prince de Hohenlohe ne consistaient point à prendre des drogues, mais à prononcer des oraisons à certaines heures, pendant que lui, le grand exorciste, en faisait autant dans une chapelle qu'il indiquait.

De même que le zouave et le sergent de l'abbé

Thiers, il avait composé une prière particulière que l'histoire a conservée, mais dont nous croyons la reproduction superflue.

Cette comédie dura plus d'un quart de siècle, depuis 1824 jusqu'en 1849, époque à laquelle une hydropisie de poitrine enleva ce guérisseur à l'humanité souffrante.

Chaque siècle, chaque peuple a cherché et désiré ardemment une substance qui possédât incontestablement la puissance de guérir les maux si nombreux dont l'humanité est affligée.

On a successivement essayé sans succès le mercure, l'antimoine, les poudres, l'or potable, les agents simples, les drogues composées, les élixirs; les électuaires, les sels, les eaux, les gaz.

L'histoire de toutes ces folies scientifiques serait pour le moins aussi utile que celle des progrès de l'esprit humain ; cependant elle n'a pas été écrite, une seule fois, au moins à notre connaissance. L'auteur qui aurait le courage de s'exercer sur cette matière intéressante trouverait sinon des mondes à conquérir, du moins des conquérants à flétrir.

Mais sans doute par crainte de déplaire aux personnages qui exploitent des trucs plus ou moins analogues, la plupart des biographes qui ont à traiter ce sujet, s'expriment comme les auteurs de l'Encyclopédie Panckoucke : « Nous ne croyons point qu'il soit nécessaire aujourd'hui d'attaquer avec la force de la science ou de la raison ces erreurs qui ont leur source dans les parties les plus profondes du cœur humain. Les sages n'ont aucun besoin de ces premiers ; quant aux faibles d'esprit, ils ne les sauraient comprendre. »

Grâce à ces ménagements fort habiles, nous voyons des empiriques et des charlatans se succéder les uns aux autres, aussi régulièrement que des rois dans une monarchie bien réglée.

Quand un spécifique passe de mode, une autre panacée prend sa place. Heureux celui qui a su inventer ou découvrir une drogue susceptible de faire pendant une quinzaine de jours le salut du genre humain tout entier.

De toutes ces substances les plus efficaces sont, sans contredit, celles qui n'ont par elles-mêmes aucune action, telle que la moutarde blanche ou la revalescière du Barry.

A ce point de vue le camphre a été admirablement choisi. Car son action spécifique est peu intense, et ne peut par conséquent troubler les effets que l'esprit du malade est chargé d'opérer.

Ce cristal possède à la fois ce qu'il faut et est privé de ce qu'il ne faut pas.

Son règne sera de longue durée si l'on arrive à établir dogmatiquement, en employant la langue et les procédés de l'école, que toutes les maladies qui affectent le corps humain sont produites par des insectes spéciaux dont il permet de paralyser le développement.

L'art si compliqué de la médecine deviendra plus ou moins semblable à celui du fourreur qui sait empêcher les mites de dévorer les peaux.

Le camphre, si utile pour la conservation des manchons, fera coup double, il ne le sera pas moins pour protéger la personne de la propriétaire de ces gracieux objets !

Si l'auteur d'un système si séduisant rend à l'humanité souffrante le service de rédiger un livre qui permette au plus ignorant paysan de se guérir lui-même, il passera sans difficulté pour un des plus grands hommes du siècle.

Ne faut-il pas, en effet, posséder un génie singulièrement robuste pour que le lecteur n'ait qu'à se familiariser avec un manuel qui coûte 1 fr. 50, pris chez l'auteur, et 1 f. 80 envoyé par la poste à domicile ? Le malade qui suivra les prescriptions du *Manuel de la santé*, sera délivré de toutes les discussions des docteurs qui dissertent souvent pendant des heures pour savoir le nom qu'il faut donner au mal dont meurt le client.

Non-seulement ce livre merveilleux permettra au patient, fût-il ignorant, toutes les notions d'hygiène et d'anatomie, de préciser le nom de sa maladie, mais il pourra lui-même composer les médicaments dont il a besoin aussi parfaitement que le ferait le plus habile pharmacien.

Supposons, par exemple, qu'il ait à traiter un *abcès;* il n'a qu'à chercher dans le vocabulaire à la page 177; il trouve tout ce qu'il a besoin de savoir pour se guérir de ce dépôt, qu'il soit chaud, qu'il soit froid, et qu'il attaque soit la chair, soit les os.

S'il est question d'employer de l'*eau quadruple*, il regardera dans une table qui le renverra à la page où la préparation de ce précieux liquide se trouve indiquée.

Le nombre infini des ouvrages de médecine dont les bibliothèques sont surchargées, devient superflu. On peut les envoyer tous indistinctement au pilon.

La pharmacie, réduite à un petit nombre de substances toutes inoffensives, est une opération aussi simple que celles dont s'occupe la *Cuisinière bourgeoise*. Aussi le *Manuel de la santé* se vend-il à un nombre prodigieux d'exemplaires, pareil aux apologies de Notre-Dame de Lourdes ou de Notre-Dame de la Salette, mais que nos diatribes n'atteindront jamais.

Comme nous ne saurions trop le répéter, toutes ces médications ridicules, grotesques ou frivoles, n'auraient aucun succès, s'il n'y avait un grand nombre de maladies dans lesquelles le plus sage est de laisser agir la nature.

La majeure partie des patients ont surtout besoin d'être rassurés. « Il n'y a que la foi qui sauve » est bien près de mériter d'être érigé en axiome de médecine curative, plus incontestable que ceux de la méthode Raspail.

C'est ce qui fait que la plupart de ces empiriques s'attachent généralement à la fortune d'un parti politique, philosophique ou religieux, pour donner à leurs médicaments une *force morale* dont ils ont le plus grand besoin.

On a trop vu de guérisseurs soutenir la cause du trône et de l'autel, pour se scandaliser si quelques empiriques s'avisent de se tourner du côté du peuple, lorsque la démocratie ruisselle de partout. Aussi ne sentons pas notre foi dans les doctrines libérales ou républicaines ébranlées en voyant que le camphre ait fait fortune en même temps que le radicalisme et l'amnistie.

CHAPITRE XXIV

FANTASMAGORIE SCIENTIFIQUE.

Il est impossible de se défendre de l'idée que les anciens ont connu quelque instrument analogue à la lanterne magique, dont on attribue l'invention au physicien Porta, et qu'une sorte de fantasmagorie primitive joue un certain rôle dans les prestiges exécutés par les prêtres des idoles à une époque d'ignorance générale.

Il a suffi de cacher une lampe dans un creux de rochers ou dans le fond d'un temple pour évoquer des apparitions de nature à laisser une trace dans l'histoire des superstitions du paganisme. Les rayons ainsi produits en secret, et même ceux qui viennent du soleil ou de la lune, pouvaient suffire, dans l'antiquité, pour exciter le génie d'un Ovide, et, au moyen âge, pour donner naissance à des légendes en harmonie avec le goût de cette époque crédule et barbare.

Si l'outillage de la fantasmagorie, tel qu'il

existe de nos jours était la propriété d'une caste de prêtres ou d'une confrérie de charlatans, leur influence serait peut-être difficile à déraciner.

Heureusement le progrès de l'instruction publique en a trop vulgarisé l'usage pour que celui qui le manie puisse faire croire qu'il est possesseur d'une puissance surnaturelle.

Sous le nom de méthode des projections cet art intéressant ne peut plus que rendre des services à l'éducation publique.

Nous avons vu à différentes reprises que la fantasmagorie a servi sur nos théâtres à des professeurs de magie blanche qui ont démasqué certaines fraudes bien adroitement combinées. Sans son concours la lutte contre la supercherie eût été singulièrement difficile.

On pourrait appliquer aux savants de notre époque ce que Virgile disait des agriculteurs, qui seraient trop heureux, suivant lui, s'il connaissaient les armes dont ils sont à même de faire usage.

Il n'y a aucun organe des infiniment petits, aucun détail de l'anatomie qu'on ne puisse faire saisir; éruptions volcaniques, tremblements de terre, météores, viennent se peindre aux yeux des spectateurs.

Les mouvements les plus compliqués des astres, les étoiles filantes, les éclipses de soleil et de lune, se reproduisent au gré du démonstrateur, avec une facilité qui n'est égalée que par la toute-puissance du Créateur.

Des combinaisons simples et d'une richesse inouïe permettent de faire assister aux scènes intimes de la vie des plantes et des animaux. Les phénomènes les plus énigmatiques de la respiration et de la nutrition dévoilent leurs mystères, l'évolution des feuilles et des fleurs peut s'accomplir avec une richesse, une ampleur et une régularité merveilleuses.

Malheureusement, les savants qui ont à leur disposition l'arsenal scientifique de l'humanité, ne sont pas pénétrés de la nécessité de faire feu de toutes pièces contre cet ennemi de tout progrès, de tout bonheur, qui se nomme l'ignorance, le seul avec lequel la sagesse consiste à se montrer irréconciliable.

Pas un seul des magnifiques appareils de projection qui s'étalaient orgueilleusement dans les galeries de l'Exposition universelle n'a été utilisé à ces démonstrations éclatantes qui font entrer la vérité jusqu'au fond des intelligences les plus rebelles.

Les conférences du Trocadéro ont eu lieu

comme si la fantasmagorie n'avait point été inventée. Aucun des organisateurs de la grande exposition du Champ-de-Mars n'a compris que l'œil entend plus loin que l'oreille et que c'est par l'œil seul que l'on peut parvenir à guider les masses ignorantes au milieu du dédale des grandes découvertes scientifiques modernes.

Autrefois l'homme sentait en quelque sorte trop vivement la puissance des forces brutales de la nature. Il était trop porté à s'imaginer qu'un Dieu jaloux et terrible ne l'avait placé sur cette terre que pour y passer sa vie au milieu de la souffrance et de la douleur.

Pendant des siècles la raison individuelle a dû lutter pour conquérir son droit divin, malgré la pression de superstitions avilissantes.

On peut dire aujourd'hui qu'il n'en est plus ainsi et que l'émancipation de l'élite de l'humanité est aussi complète que le libre penseur le plus exigeant pourrait le demander. Il n'y a plus de problème que le philosophe ne puisse scruter en paix, plus de question véritablement redoutable, dont il soit forcé de s'abstenir.

Mais nous avons à lutter contre un danger d'un nouveau genre que nous devons éviter, sous peine de retomber bientôt sous le joug d'une réaction terrible.

La série non interrompue d'inventions merveilleuses qui ont signalé la fin du siècle dernier et le cours entier du nôtre, n'a pu se dérouler aux yeux de la masse ignorante, sans troubler la raison d'un grand nombre de contemporains, sans produire des désordres intellectuels, presque aussi graves que si des magnétiseurs et des spirites avaient conservé le monopole des trucs scientifiques.

Que de gens ont éprouvé un éblouissement moral comparable à celui qui saisit les voyageurs d'un train rapide, lorsqu'ils sortent en plein midi d'un tunnel.

Les nations civilisées se sont trouvées dans la position de pauvres gens qui enrichis par un héritage imprévu, ou par le gain d'un gros lot, se trouvent hors d'état de faire un usage convenable de la fortune qu'un caprice du sort a placée soudainement entre leurs mains.

Ces perturbations ont été d'autant plus graves et d'autant plus funestes que le niveau de l'instruction du peuple était moins élevé et la valeur morale de la nation moins haute.

Les effets de ce subit enrichissement ont été beaucoup plus désastreux de l'autre côté du Rhin que dans notre belle France, parce qu'on y était beaucoup plus pauvre intellectuellement, et que l'on était moins préparé à jouir d'une semblable fortune.

Aussi l'esprit public y est-il tombé sous le joug d'un despotisme non moins impérieux que celui de la Révélation.

Imparfaitement comprises et maladroitement admises, les merveilles de la science ont produit une perturbation identique à celle que produiraient des miracles.

On sait qu'au commencement du siècle un débris de fossile trouvé à Montmartre fut présenté à Cuvier, qui, à l'aide de cet os, reconstitua l'ensemble de l'être.

Quelques mois plus tard, des ouvriers continuant leurs fouilles mirent à jour les autres parties du squelette.

Depuis lors ces restitutions ont réussi à maintes reprises et l'on peut dire que la paléontologie est parvenue à remonter le cours des âges et à tirer du tombeau des animaux peut-être plus différents de ceux qui vivent autour de nous que ceux qui peuplent la surface de Vénus, ou de Mars, ou de la Lune.

Cependant la cause des grandes évolutions ou révolutions qui ont détruit ces races puissantes est restée impénétrable. La science a découvert les traces des glaciers là où elle s'attendait à rencontrer celles du feu, et le feu a cédé la place à des océans d'une profondeur insondable.

Si les physiologistes sont parvenus à restituer l'ensemble de l'animal, dont ils tenaient un fragment entre les mains, c'est qu'ils ont pénétré une portion des lois qui président à la corrélation des organes et que leur esprit a saisi une portion du plan du Créateur.

Mais quelque intéressantes que soient les découvertes dues à leur génie, ils n'ont point été initiés aux mystères de la génération des êtres. L'origine de la vie est restée pour eux un impénétrable mystère. Ils n'ont pas relevé un coin de ce voile symbolique dont les prêtres de l'antique Égypte aimaient à entourer leur Isis.

Si les astronomes devinent la place que les corps célestes doivent occuper, c'est qu'ils ont reconnu les lois géométriques qui président à leur évolution dans les espaces stellaires ou solaires.

C'est l'observation intelligente et persévérante de l'ensemble des phénomènes qui les a initiés à la connaissance d'un phénomène partiel.

Mais ils n'ont aucun moyen d'expliquer la formation des mondes; ils ne savent ni comment les globes merveilleux qui voyagent dans l'étendue infinie ont choisi les orbes qu'ils parcourent, ni pourquoi les soleils qui les inondent de lumière possèdent cette splendide puissance!

C'est par un abus ridicule de l'influence morale acquise par tant de découvertes que naturalistes, physiologistes ou astronomes, ils ont tenté d'envahir le domaine de l'être intérieur.

La physique et l'optique ont eu aussi leurs outranciers qui n'ont point tardé à traiter avec une sorte de mépris les bases anciennes de la philosophie et de la morale, ainsi que les données vulgaires du sens intime. Ces savants ont cherché à convaincre la foule de la même manière que les marchands de miracles montrent la preuve de la puissance de leur idole, en exécutant un prétendu miracle.

Des esprits aussi orgueilleux que superficiels se sont crus autorisés à bouleverser les bases du savoir humain en s'appuyant sur certains faits plus ou moins imparfaitement observés, plus ou moins authentiques, plus ou moins sainement interprétés.

Mais, quelque intéressantes que soient les découvertes dues au talent des praticiens les plus éminents, elles ne sauraient ébranler les vérités acquises par les philosophes qui ont employé la raison pure, à analyser les conditions essentielles de la pensée humaine et de l'existence des sociétés.

Ni le microscope, ni le spectroscope, ni le télescope, ne prévaudront contre les axiomes d'un Descartes, les exemples d'un Socrate ou la vertu d'un Jésus. Le téléphone, le microphone, le phonographe et même le blaguophone seront impuissants contre la voix de la conscience et n'ébranleront aucune des vérités essentielles qui ont apparu lumineuses à la pensée des premiers sages.

Les sophismes des Laplace déclarant qu'ils n'ont pas besoin de l'hypothèse d'un Dieu ne pèseront pas plus que les grimaces d'une Bernardette découvrant la sainte Vierge de la grotte de Lourdes.

Ce serait calomnier la science que de croire qu'elle conduit à des conclusions autres que la conscience. Mais il y aurait une erreur également funeste : ce serait de ne point dégager sa cause de celle de tous ces marchands d'orviétan scientifique qui emploient la logique des marchands de miracles, et qui par des procédés dont ces derniers auraient quelquefois honte, cherchent à capter la confiance du public.

De même que leurs émules, ils dénaturent et pervertissent l'élan de l'âme aspirant à la connaissance de son créateur, à la possession d'une existence future, et à l'affranchissement définitif de toutes les imperfections dont l'humanité est affligée, mais qui tiennent à la nature même des choses, et qui sont loin de diminuer la beauté du rôle qu'elle est appelée à jouer dans le monde.

Nous ne saurions nous élever trop vivement contre l'usage d'une sorte de fantasmagorie scientifique, qui finirait par nous faire perdre de vue les rapports nécessaires.

La philosophie n'a point été émancipée du joug de la théologie pour tomber de nouveau en servitude, pour gémir sous la domination d'une école dictatoriale qui prétend que la morale et la théodicée ont changé depuis que l'on connaît le mouvement de la terre, et que les principes aristocratiques de Malthus sont devenus la loi du progrès démocratique depuis la découverte du conflit vital.

Les axiomes sont aussi légitimes, aussi incontestables que ceux de la géométrie. Ceux qui se révoltent contre ses enseignements, n'arrivent point à des absurdités moindres que ceux qui s'insurgent contre Archimède, se rébellionnent contre Euclide, et veulent trouver la quadrature du cercle, la pierre philosophale ou l'élixir de longue vie.

CHAPITRE XXV

LES JEUNEUSES ET LES VIERGES MÈRES.

Dans notre *Physique des miracles* nous avons consacré plusieurs chapitres aux filles qui prétendent vivre sans manger. Nous avons raconté avec des développements assez longs les mésaventures de Marie de Mœrel, de Rose Tamisier, de la jeuneuse du pays de Galles, etc. Il est inutile de revenir ici sur ces tristes héroïnes dont quelques-unes, comme nous l'avons rapporté dans ce livre, sont mortes de faim plutôt que de confesser la supercherie dont elles s'étaient rendues coupables, car la fraude et l'orgueil peuvent avoir leurs martyrs aussi bien que le dévouement à une idée religieuse.

La dernière de ces peu aimables comédiennes a donné lieu à des polémiques que nous ne pouvons nous dispenser d'examiner, car elles corroboreront d'une façon surprenante les remarques que la logique des derniers événements nous a arrachées.

Louise Lateau est une fille de campagne qui habite dans le fond d'un hameau de Belgique. Quoique dépourvue d'éducation et de connaissances scientifiques, elle est parvenue à déjouer pendant plusieurs années la vigilance de toutes les personnes qui se sont donné la mission de saisir le truc dont elle fait usage pour ne point être prise en flagrant délit de nutrition clandestine.

Cette comédienne n'a jamais visiblement pâti de la faim, et cependant personne n'a pu deviner de quelle manière les aliments lui sont fournis. Quoiqu'on lui ait vu dévotement absorber quelques hosties, on ne peut croire que le pain des âmes suffit pour alimenter un corps très-matériel, et auquel sans doute aucun des appétits naturels ne fait défaut. L'insuccès de la surveillance scientifique infructueusement tentée par un grand nombre de docteurs a produit une émotion telle qu'elle est sortie des limites de la Belgique. M. Wirchow a été invité à donner solennellement son avis sur ce phénomène extraordinaire dont les piétistes font triomphalement l'exhibition depuis nombre d'années.

Mais ce prudent docteur ne tomba pas dans le piége qu'on lui dressait. Il déclara qu'il ne s'occuperait du cas de mademoiselle Louise Lateau que si cette intéressante fille consentait à entrer dans une des salles d'un hôpital tenu par des gardes-malades aux ordres de la faculté de Berlin. Il considérait la fraude comme suffisamment démontrée, si le sujet persistait à rester entourée de personnes, dont toute l'industrie se borne à tromper la surveillance des sceptiques qui ruineraient le village et ses habitants. Car la possession d'une vierge aussi extraordinaire chez laquelle on vient de vingt lieues à la ronde est une bénédiction pour toute la contrée.

Malheureusement tous les médecins n'ont point imité la sage réserve du docteur berlinois. Un des hommes de l'art qui ont examiné Louise n'avait pas assez de confiance dans la logique pour déclarer hautement que s'il n'avait pu découvrir la supercherie, c'est parce que les complices de la jeuneuse avaient été plus fins que lui, mais que cette fille était certainement nourrie par un procédé secret.

Comme il appartenait au parti libéral, ce savant ne pouvait décemment admettre que c'était un miracle permanent qui s'accomplissait en plein pays Brabançon, afin de démontrer que la pape est infaillible, et qu'il faut souscrire au denier de Saint-Pierre.

Après avoir longuement médité, l'infortuné docteur chercha à se tirer d'embarras en écrivant un gros volume pour prouver que si mademoiselle Louise Lateau peut vivre sans boire et sans manger, le fait est tout à fait conforme aux principes des sciences physiques et morales.

Le docteur belge possède un esprit fort ingénieux que les contradictions apparentes n'embarrassent en aucune façon. En effet ce savant personnage nous apprend, en style que Molière n'aurait pas désavoué, que mademoiselle Lateau est arrivée par des moyens naturels à se passer de son tube intestinal pour réparer les pertes quotidiennes dont son organisme est affecté.

Par exemple, si Louise vit de l'air du temps, ce n'est point parce que la sainte Vierge lui a fait la grâce de la choisir pour démontrer l'existence de l'Immaculée Conception. Ce n'est pas parce que la Providence l'a chargée de confesser le pouvoir temporel, c'est parce que cette fille surprenante a découvert dans son exaltation religieuse un moyen de remplacer son estomac à l'aide de ses poumons; chez elle le travail de la digestion s'opère en même temps que celui de la respiration.

C'est ce fait fondamental de physiologie transcendante que le docteur belge justifie pesamment par une multitude d'arguments burlesques auxquels un nombre de journaux qui prétendent être sérieux ont accordé une hospitalité pour le moins singulière.

Il nous est impossible de ne pas donner quelques échantillons de ces raisonnements qui seraient bien faits pour compromettre la cause de la vérité, s'il appartenait à ses avocats les plus maladroits d'empêcher jamais son triomphe, car ils sont plus ridicules que les plus abjects enseignements d'un bonze. En effet, ces derniers n'ont-ils pas pour excuse une crédulité naïve, sans prétention, et comme un parfum de bonne foi rustique ?

La physiologie végétale nous apprend que les feuilles des légumineuses parviennent à fixer une portion de l'azote de l'air, car le poids des substances azotées que contient la plante est plus grand que celui qui était renfermé dans la graine, que l'on a fait végéter dans un sol artificiel composé de verre pilé.

Pourquoi ne point admettre que les cellules du poumon peuvent jouir d'une faculté analogue, et que, sans avoir besoin de se livrer au travail mécanique de la mastication, une femme dont les facultés sont surexcités par l'extase peut récupérer ainsi d'une façon éminemment simple les substances azotées dont son corps est privé chaque jour, tant que dure le travail de la vie.

Ce n'est pas la première fois que craignant de nier des faits miraculeux dont l'authenticité était pourtant nulle, des auteurs complaisants ont cherché à découvrir des raisons naturelles, physiques, chimiques, physiologiques, pour mettre fin au conflit de ce qu'ils nomment la science et de ce qu'ils appellent la foi.

Heureusement nous ne sommes point condamnés à nous étendre plus longuement sur l'énumération de toutes les absurdités analogues qui pullulent dans les ouvrages où l'on n'a pas le courage de s'en prendre à la bonne foi des marchands de miracles, et où on se contente d'expliquer que Josué a pu faire semblant d'arrêter le soleil grâce à l'arrivée peu opportune pour les Amalécites d'un nuage doué d'un pouvoir réfringent plus qu'ordinaire.

Mais il n'est point sans intérêt de constater que l'ambition de faire concurrence aux thaumaturges se retrouve jusque chez les ennemis systématiques de l'intervention d'un pouvoir providentiel dans les affaires de ce monde.

Le miracle que l'Esprit-Saint a réalisé suivant la Bible, lors de la conception de la vierge Marie, a également excité l'émulation de l'auteur de la *Philosophie positive*, car le célèbre Auguste Comte enseigne quelque part dans sa précieuse synthèse subjective, que le progrès dont il est le pontife doit permettre un jour à nos femmes de propager notre espèce sans que nous ayons le plaisir d'intervenir directement.

L'Aristote de la rue M. le-Prince leur promet qu'elles pourront un jour lointain remplir leurs instincts maternels, sans avoir à subir la domination avilissante de la plus brutale moitié du genre humain.

Comme tous les marchands de miracles dont nous nous sommes déjà occupés, l'auteur de la *Philosophie positive* oublie bien des détails. Il ne nous dit pas si le consentement mutuel sera nécessaire pour l'accomplissement des noces subjectives qu'il nous décrit.

Mais maintenant que M. Darwin vient d'être nommé membre correspondant de l'Institut, nous sommes persuadé que l'apôtre du transformisme viendra en aide à ses collègues positivistes, pour leur épargner la douleur de confesser que leur pape, lorsqu'il pontifiait de la sorte, était atteint de folie vers la fin de la carrière, comme il le fut dans sa jeunesse lorsqu'on le conduisit chez le docteur Blanche.

En effet, puisque la Parthenognèse sert à la reproduction des pucerons sur les branches des rosiers, l'auteur d'une théorie aussi intéressante ne saurait être embarrassé. Car en devenant femmes de l'avenir, les sœurs des pucerones de nos nos jours ne sauraient manquer de conserver d'aussi précieuses facultés !

Il est juste cependant de faire remarquer que ces exagérations, produites par un excès de travail intellectuel et surtout d'orgueil, ne peuvent se propager que dans un cercle forcément très-limité d'adeptes. Leur nature quintessenciée et peu intelligible les empêche de se propager au sein de populations entières comme les divagations du fondateur de la religion des Mormons, par exemple.

Il ne faut donc considérer ces excentricités académiques que comme un avertissement salutaire qui nous apprend qu'il en est de l'esprit et de l'érudition comme des langues d'Ésope : qu'elles sont susceptibles d'abus aussi bien que d'usage, et enfin qu'en science aussi celui qui veut faire l'ange, fait la bête.

De même que l'instinct est employé par chaque animal à sa conservation et à celle de son espèce, l'humanité possède aussi le sien qui, au milieu des désordres de l'histoire, là a permis d'atteindre un degré assez satisfaisant après tout de civilisation.

Ce sentiment intime auquel nul n'échappe, ni le mendiant dans ses haillons, ni le roi sur son trône, porte le nom de conscience quand il s'applique aux actes ordinaires de la vie.

En matière scientifique il s'appelle le bon sens.

C'est la même lumière intérieure qui éclaire la raison sous toutes ses faces.

Nul ne doit la sacrifier ni à l'orgueil d'un académicien, ni à la scélératesse d'un despote.

Si on la laisse éteindre par les préjugés, troubler par les passions, éclipser par les intérêts, on arrive d'un côté au crime et de l'autre à l'absurdité ; mais dans aucun cas, qu'il s'agisse d'un assassinat ou d'une opinion méprisable, le coupable n'échappe pas au remords.

Car, dans ces heures de la solitude, lorsque le travail de la réflexion oblige l'être intérieur à se recueillir, l'esprit le plus déplorablement vicié par les sophismes de l'école dominante se sent inquiet, troublé. L'homme le plus abruti par les préjugés se voit faible, isolé, impuissant. Fût-il couvert d'une gloire universelle, il regrettera souvent, aux heures solennelles, et nous en avons vu plus d'un exemple, d'avoir sacrifié aux préjugés de la caste savante l'esprit qu'une nature libérale lui avait donné, et dont il aurait pu faire un plus salutaire usage.

Il n'y a qu'une science, comme le disait Priestley, celle qui conduit à faire le bonheur du peuple et à célébrer la gloire de Dieu. Les vaines abstractions des pédants matérialistes qui nient Dieu et l'amour du prochain, sont à la science ce que les momeries des moines et des nonnes et les supercheries des jésuites sont à la religion.

CHAPITRE XXVI

LES NŒUDS DU DOCTEUR SLADE.

L'histoire d'un grand nombre de savants en renom nous montrerait des exemples de dérangement intellectuel dont les conséquences sur le développement général de l'humanité ont été des plus funestes. Comme nous avons l'intention d'y consacrer un ouvrage entier, nous avons suspendu la rédaction pour écrire cet opuscule. Nous demanderons aux lecteurs de nous permettre de réserver pour une prochaine occasion les exemples saillants que nous n'avons point eu, hélas ! assez de mal à recueillir !

Mais nous ne pouvons nous empêcher d'ajouter que cette épidémie des marchands de miracles analytiques a produit surtout de déplorables effets de l'autre côté du Rhin, chez cette nation orgueilleuse dont l'influence immorale démoralisante nous coûterait plus cher que la force dévastatrice.

En effet, nos ennemis ne nous ont arraché brutalement sur ces champs de bataille que l'Alsace et la Lorraine, tandis que, sur ceux de la pensée ils nous enlèveraient la logique, le bon sens, la raison, l'amour de la vérité.

Un des plus actifs et des plus populaires, quoique des plus ridicules membres de cette docte confrérie, est M. Frédéric Zollner, professeur de physique astrale, tel est son titre officiel, à l'Université de Leipsig. Il est membre de l'Académie royale de Saxe et ne tardera point sans doute à devenir membre correspondant de l'Académie des sciences de Paris.

M. Zollner a obtenu de si foudroyants succès par la publication de ses opuscules scientifiques, qu'il a senti le besoin de les rassembler en un corps de doctrine. Il eût été en effet fâcheux que de si brillantes perles fussent ainsi disséminées, perdues, enfouies dans le fumier des mémoires vulgaires qui remplissent les collections académiques ou autres.

Un des principaux éditeurs de Leipsig vient de publier un magnifique volume grand in-8° de 800 pages qui inaugure cette précieuse collection.

Ce tome mémorable s'ouvre par un discours du recteur de l'Université de Tubinge sur les bases morales de la science en général et surtout de la science allemande, qui, reposant sur le scepticisme de Kant, devait fatalement aboutir aux lumières de la métaphysique d'Hégel et aux consolations de Schopenhauer, et qui, après avoir été formée par les Frédéric le Grand, devait façonner le cœur des princes de Bismarck.

Nous examinerons dans un autre ouvrage les doctrines physiques développées par l'illustre professeur leipsiquois, sous les auspices de ce révérend personnage. Aujourd'hui nous nous bornerons à décrire les miracles nouveaux dont il fait jouir ses nombreux lecteurs.

Nous avons raconté plus haut l'histoire du spirite Slade que le docteur Lankestser a surpris en flagrant délit d'imposture et de mensonge, lorsqu'il a saisi l'ardoise fatidique sur laquelle il traçait à l'avance la réponse des esprits.

Quand ce personnage a été rendu à ses travaux, il lui a été impossible de continuer à séjourner en Angleterre où la police avait des procédés peu délicats à son égard.

Il s'est rendu en Allemagne pour exhiber aux yeux des crédules disciples de Kant un tour de sa façon. Cette expérience mémorable a été exécutée pour la première fois à Leipsig le 17 décembre 1878 à onze heures du matin devant M. Zollner. En mémoire de l'événement, l'illustre professeur a fait exécuter un dessin de grandeur naturelle permettant de voir comment tous les détails en étaient réglés. Jamais le souvenir d'une expérience de physique n'a été plus religieusement conservé.

Elle a été répétée depuis lors à différentes reprises devant M. William Weber, le célèbre élève de Gauss, qui a joué un si grand rôle dans la création de la télégraphie électrique et qui a acquis un nom si justement célèbre par ses travaux d'électro-magnétisme.

Le docteur Slade s'est donné la peine d'aller jusqu'à Saint-Pétersbourg pour opérer en présence du grand-duc Constantin. Son Altesse Impériale a manifesté son admiration par des largesses que l'empereur Napoléon III n'a point dépassées à l'époque où le médium Home était la coqueluche des grandes et des petites dames des Tuileries.

M. Slade fixe gravement sur une table, à l'aide de deux gâteaux de cire écartés de quatre à cinq centimètres, les deux extrémités d'un morceau de fouet long de cinquante à soixante centimètres.

Le spectateur qui veut être témoin du sortilège place une main sur chaque gâteau de cire, et s'assied en face de la table de telle sorte que la corde lui tombe entre les jambes ; quand tout est ainsi disposé le docteur Slade fait éteindre les lumières pendant trois ou quatre minutes, puis il donne l'autorisation de les rallumer, alors on s'assure que sept à huit nœuds véritables ont été formés sur la corde qui était parfaitement lisse au commencement de l'opération.

Connaissant les antécédents de M. Slade, un physicien sérieux, qui aurait su se garer de toutes les insanités de l'école spirite se tirerait de la difficulté de la même manière que M. Wirchow devant les prestiges de Louise Lateau. Il n'attendrait pas d'avoir pris le docteur Slade la main dans le sac pour affirmer qu'il est en face d'un habile escamoteur.

Quoiqu'il ait une foi sans borne dans la puissance de la logique de Kant, et même de la métaphysique d'Hegel, notre professeur de l'Université de Leipsig ne s'adresse point à la raison.

Si les nœuds ont été formés dans la corde du docteur Slade, c'est qu'ils l'ont été par la main d'êtres qui non seulement sont invisibles, mais qui encore jouissent de la faculté de nouer et de dénouer des cordes, où les mains de simples mortels ne sauraient former que des boucles.

Si M. Zollner croyait aux revenants, aux anges

et aux enchanteurs comme l'enfant qu'on berce sur les genoux de sa nourrice, il n'y aurait qu'à rire de pitié.

Mais la folie de Zollner provenant d'un abus de la logique de Kant et d'Hégel dont il cite les ouvrages à chaque instant, mérite un examen sérieux.

Sa foi dans la réalité de miracles de cette idiote catégorie produit des résultats beaucoup plus funestes et dégradants qu'une perversion ordinaire de l'intelligence.

Les anciens supposaient que des génies ou même des dieux étaient préposés aux mouvements des corps célestes. Ils admettaient qu'Apollon était responsable de la course du Soleil et que Diane était chargée de guider des évolutions de la Lune. Cette mission, rehaussée par l'imagination des poëtes qui avaient décrit en termes magnifiques le char de ces divinités, et la manière dont elles s'acquittaient de leur tâche quotidienne, pouvait faire illusion. La pompe de la poésie d'Ovide, d'Hésiode et d'Homère était l'excuse presque légitime de ceux qui se contentaient des explications insuffisantes du paganisme.

Mais il appartenait au pédantisme allemand de prostituer à ce point la superstition et de déshonorer la conception du miracle plus que les charlatans de Lourdes et de la Salette n'ont jamais fait.

Les génies de M. Zollner sont ceux qui, renfermés dans des vases de verre, veillent au mouvement du radiomètre. Ce sont des êtres doués d'une intelligence habile, d'une agilité infinie, qui empêchent les molécules de gaz de désobéir aux lois physiques basées sur l'équivalent mécanique de la chaleur !

Ce grand homme leur réserve de plus un rôle éminent dans la philosophie. Leurs œuvres prouvent que l'espace à quatre dimensions imaginées par de forts cerveaux allemands n'est pas une chimère ! En effet leurs mains invisibles exécutent des opérations impossibles dans l'espace ordinaire où nous respirons et où les bâtons n'ont que deux bouts.

Fût-il démontré que les nœuds peuvent être défaits aussi facilement que ceux de la question romaine et de la question d'Orient, ou que les anneaux magiques des marchands de jouets d'enfants, nous continuerions à enseigner que notre raison ne se trompe point dans l'analyse des propriétés essentielles de l'étendue.

La science des sciences n'échappera point à la main de saint Dominique et de Loyola pour être opprimée par celle de Lacenaire et de Barré. Elle n'aura pas fait justice des sophismes des théologastres qui font litière des appétits les plus sublimes de la nature humaine pour obéir à la logique des conférenciers qui, mettant les laitières en morceaux, ne craignent pas évidemment de déchirer le bon sens, d'écarteler la raison et qui, bravant sans sourciller l'infamie, n'ont rien à redouter du ridicule.

Que nos lecteurs nous excusent si nous les obligeons à suivre les divagations d'un si piteux marchand de miracles, dont la boutique n'aurait guère été achalandée même au plus fort du moyen âge.

Mais nous ne pouvions pas nous dispenser de donner l'épilogue des aventures du docteur Slade, que nous avions laissé entre les mains de la justice anglaise.

M. Zollner nous apprend qu'il s'en est tiré d'une façon que l'on peut appeler miraculeuse, car les juges d'appel l'ont relaxé parce que le statut de la reine Elisabeth dont on lui avait fait l'application ne convenait point au genre d'escroquerie dont on l'avait reconnu coupable.

Le livre de M. Zollner a fait du reste quelque bruit même à Londres, parce que plusieurs membres de la Société royale dont il avait invoqué l'autorité ont cru devoir protester contre la manière dont leur anglais avait été travesti en langue germanique.

Ajoutons que cet ouvrage est rédigé dans le but avoué de prouver la supériorité de la physique allemande sur celle dont nos pauvres cerveaux welches ont accouché, et que de même que le dix-huitième siècle doit être consacré à Frédéric le Grand, le dix-neuvième le sera à l'empereur Guillaume.

Nous n'avons pas résisté au plaisir de faire assister les personnes qui veulent bien nous lire à ce grand déballage scientifique de nos vainqueurs.

Il nous a semblé utile de constater que la logique transcendante dont ils sont si fiers est digne de la morale qui enseigne que la force prime le droit.

CHAPITRE XXVII

LA GÉOMÉTRIE ANTI-EUCLIDIENNE.

Pour peu que l'on ait effleuré les mathématiques, on sait qu'Euclide reconnut, il y a près de deux mille ans, l'impossibilité d'établir la théorie des parallèles sans demander un postulatum à l'expérience quotidienne. Isolé de l'observation de la nature, l'esprit ne suffit pas à lui seul pour l'établissement de cette vérité élémentaire dont notre être intérieur doit puiser la connaissance dans le monde extérieur.

Nous n'abuserons point de la patience de nos lecteurs en leur donnant la liste interminable des prétendus géomètres qui se sont révoltés contre cette nécessité.

A toute époque de l'histoire des mathématiques on pourrait citer des rêveurs qui, avec plus ou moins d'habileté, ont cherché à combler cette lacune indispensable dans nos raisonnements.

Mais les merveilleux résultats obtenus par la méthode des imaginaires devaient fatalement tenter des esprits aventureux, et les conduire à se lancer à corps perdu dans des abstractions moins légitimes et surtout moins fécondes. Au lieu d'une extension hardie, mais basée sur des conditions géométriques, et ne cessant point d'être logique, leur esprit vagabond et indocile devait aller jusqu'à s'insurger contre la réalité elle-même.

Au commencement du siècle vivait à Göttingue un géomètre allemand très habile et très célèbre, mais dont l'esprit ne pouvait échapper aux opinions antiphilosophiques des prétendus réformateurs qui créaient la métaphysique transcendante à l'université de Berlin.

En l'année 1782 Gauss conçut l'idée fantastique de se passer de l'axiome fondamental d'Euclide, et de construire une géométrie nouvelle qui reposerait sur un axiome tout opposé. Il s'en ouvrit confidentiellement à son camarade d'école Wolfgang Bolyai avec lequel il paraît même avoir engagé une correspondance des plus actives.

Fort heureusement pour sa gloire des travaux plus sérieux l'empêchèrent de donner suite à ces conceptions désordonnées qui l'avaient occupé à l'époque où son génie était troublé par les téméraires aspirations de la jeunesse.

Il ne songea plus à ces rêves; mais il n'en était pas de même de son ami, qui n'ayant pas la même puissance de conception, possédait le caractère le plus fantasque, le plus bizarre que l'on puisse imaginer, et devait être surtout séduit par ce que les plans de son ami offraient d'irréalisable.

Le trait suivant soigneusement conservé par un de ses panégyristes permettra de juger l'audace du téméraire qui allait jusqu'à révoquer en doute la légitimité des axiomes.

Bolyai se trouvait en garnison avec plusieurs officiers de cavalerie. Il se prit de querelle avec ses interlocuteurs de telle sorte que treize d'entre eux le provoquèrent en duel.

Bolyai ne recula point, il accepta les treize duels à condition qu'à la suite de chaque rencontre on lui permettrait de jouer un air de violon.

Les adversaires y consentirent et l'auteur de la géométrie des fous sortit vainqueur de ses treize rencontres, il laissa successivement tous ses officiers sur le carreau.

Ce fameux duelliste ne demeurait pas dans une maison comme le commun des locataires ; il vivait dans une espèce de voiture grossièrement construite avec des lattes. Ses délassements étaient aussi bizarres que son habitation.

Il passait le temps que lui laissaient ses recherches mathématiques à fabriquer des poêles et des modèles de four. Le seul ornement de sa chambre ambulante était le violon auquel il attribuait sa victoire.

Il était professeur dans un collège, où il enseigna pendant de longues années les mathématiques ordinaires, réservant pour les adeptes la doctrine merveilleuse qu'il élaborait.

On conserve précieusement dans cet établissement le manuscrit qu'il a laissé, et où il a exposé soigneusement ses doctrines. Ce manuscrit se compose d'une série de feuilles de toute taille, il n'y en a pas deux qui aient la même forme et la même dimension.

Quand il fut mis à la retraite, il se fit fabriquer son cercueil, et il fit imprimer à l'avance les lettres de faire part pour son décès en ne laissant que la date à remplir. Comme la mort tardait à venir, il fit imprimer de nouveau six ans après un avis pour remplacer celui dont la rédaction avait vieilli. Cette fois il ne tarda point à faire ses frais.

Sur sa tombe il ordonna que l'on plaçât un pommier en mémoire des trois pommes qui avaient joué un si grand rôle dans l'histoire, celle d'Eve et celle de Pâris qui avaient changé la terre en enfer, et celle de Newton qui lui avait restitué son rang parmi les corps célestes.

Nos lecteurs se fatigueraient bien vite, s'il fallait suivre cet original dans le détail des théories bizarres qu'il a imaginées. Mais quelques auteurs justement célèbres ont qualifié sa méthode de telle sorte qu'il n'est pas nécessaire de perdre du temps à en faire le pénible exposé.

Les uns, en effet, l'ont comparé à un meunier qui placerait des grains de sable sous ses meules et qui s'imaginerait qu'avec cette singulière farine on pourrait fabriquer du pain. En effet, il applique avec persévérance à des faits dont la fausseté lui est familière la chaîne des syllogismes et des raisonnements qui conviennent lorsqu'on prend comme point de départ les axiomes les plus incontestables de la géométrie.

Ce génie singulier, dit un autre critique, est plus ennemi de la vérité qu'Hegel lui-même n'a pu l'être dans ses plus grands écarts, car il enseigne que la vérité ne doit être considérée que comme un cas particulier de l'erreur, et que la meilleure manière de la découvrir et de la proclamer est d'entasser l'une sur l'autre assez d'hypothèses absurdes pour qu'elles arrivent à se neutraliser.

Il est clair que ces tentatives doivent réussir aussi bien que celles d'un maniaque qui croirait conserver la santé en s'alimentant avec des substances toxiques dont les propriétés malfaisantes se feraient équilibre et se neutraliseraient dans son estomac.

Nous ne ferons point à nos lecteurs l'injure de leur faire comprendre qu'un faisceau de parallélisme, qu'ils nous pardonnent ce néologisme, ne peut exister dans un plan tel que nous le concevons. Au lieu de tirer de cette remarque la conclusion qu'il est sage de renvoyer Bolyai à son cercueil et à son violon, des gens appartenant à la même famille intellectuelle en ont fait sortir une conséquence tout à fait digne de cette étrange philosophie scientifique. Ils ont eu le courage de déclarer que les plans d'Euclide étaient usés, et bons pour des arpenteurs ou des menuisiers.

Mais c'eût été peu de chose que d'étendre à la géométrie plane des découvertes d'une nature aussi transcendante. Les résultats absurdes auxquels on arrivait par cette voie ridicule devaient être appliqués à l'espace. La science nouvelle de la géométrie transcendante étouffe en effet dans l'espace ancien, où par un point l'on ne peut mener qu'un plan parallèle à une direction déterminée. Ce n'est pas assez pour elle que cet infini qui contient les nébuleuses les plus lointaines, et en présence duquel les soleils ne sont qu'un point imperceptible, grain de sable égaré sur les plages de l'infini.

Ces plans eux-mêmes, en nombre infini, remplissent un cône de parallélisme dont la conception permet à l'espace ancien de subir l'extension surnaturelle dont il a besoin.

Les adeptes de Bolyai commencent par raisonner comme si par un point donné l'on pouvait tirer une infinité de lignes qui ne sont pas susceptibles de rencontrer toute autre ligne donnée de position. Ces deux lignes forment deux faisceaux situés l'un à droite, l'autre à gauche de la seule et unique parallèle, que la théorie usée d'Euclide permet de tracer quand on ne tient pas compte des glorieuses réalités révélées par les généralisateurs du temps et de l'espace, par ces philosophes qui se sont donné la tâche d'adopter des hypothèses contraires à toutes les données fondamentales de l'évidence.

Les innovateurs ne savent comment exprimer

leur mépris pour les gens arriérés qui ne comprennent pas, malgré les brillantes démonstrations de M. Zollner et les étourdissants miracles du docteur Slade, que cet espace transcendant peut avoir plus de trois dimensions, que la longueur, la largeur et l'épaisseur ne sont pas suffisantes pour les propriétés dont il est doué.

Le président de l'Association britannique s'est chargé d'expliquer dans son discours solennel de Dublin (1878) que dans cet espace à quatre dimensions les bâtons ont plus de deux bouts, qu'il est impossible de faire des nœuds qui ne se défassent d'eux-mêmes, et que des surfaces fermées se retournent de telle manière que le dedans devienne à volonté le dehors. En effet dans cet espace surnaturel il ne suffit plus de deux points pour déterminer la situation d'un plan, il en faut neuf; pour fixer celle d'un plan, il en faut dix. Quel serait le fanatique admirateur d'Euclide assez abruti pour ne point comprendre que les habitants d'un milieu aussi élastique peuvent rendre avec la plus grande facilité au docteur Slade le service qu'il leur demande? Dénouer ses cordes pour des êtres habitant l'espace où il n'y a pas de nœuds, quel jeu d'enfants; n'est-ce pas la peine de s'y livrer pour convertir au spiritisme le grand docteur Zollner?

Mais de même que l'espace à trois dimensions n'est pas suffisant pour M. Bolyai, l'espace à quatre dimensions n'est pas assez vaste pour M. Spottiswoode qui se croit obligé de généraliser cette notion déjà si extravagante, et débite devant son auditoire ébahi des phrases correctes d'un ton très grave et très sensé, sur l'espace qui a plus de quatre dimensions !

En effet, pourquoi s'arrêter en si beau chemin et se contenter d'ajouter un seul élément incompréhensible aux trois quantités si nettes dont l'ensemble tombe sous les sens et par conséquent sous la portée de la raison ?

Mais il y a dans l'absurdité une force d'entraînement, une attraction qui ne permet point de se cramponner sur le bord du précipice, et qui, bon gré mal gré, oblige à glisser jusqu'au fond.

L'espace à dimensions multiples ne suffit pas à M. Hugo. Ce dernier ne comprend pas pourquoi l'on s'obstine à ne considérer qu'un nombre entier d'éléments. Ce savant, plus courageux, plus logique dans la manière impitoyable dont il outrage la logique et le bon sens, envoie à l'Académie un mémoire sur l'étendue dont le nombre de dimensions est fractionnaire.

L'étendue à 3/7 ou à 9/11 de dimensions est une notion sans contredit nouvelle et qui mérite que l'on s'en occupe à Charenton.

Quoique l'Académie vînt de nommer M. Spottiswoode associé étranger en remplacement du grand électricien Wheatstone, elle n'était pas encore assez initiée à ces extravagances pour suivre les adeptes de la géométrie anti-euclidienne jusqu'au bout de leurs innovations.

Les mémoires de M. Hugo furent jetés au panier purement et simplement. Cependant ne pouvait-il pas dire, comme son chef de file :

« Quand un peintre représente une scène sur un tableau à l'aide du coloris et de la perspective, est-ce qu'il n'a point condensé les trois dimensions de l'espace dans un même plan auquel la géométrie rudimentaire des admirateurs de Descartes, d'Euclide, et du sens commun n'en a donné que deux ?

« Quand un poète nous représente un drame qui s'est passé à un moment donné de l'histoire, est-ce qu'il n'a pas créé une relation arbitraire entre le temps qu'il a fixé, et le lieu de l'espace qu'occupe son tableau ?

« Quand un grand génie philosophique comme le professeur Zollner de Leipsig considère l'espace comme peuplé d'êtres imaginaires, est-ce qu'il n'ajoute pas à l'espace une quatrième dimension ?»

Sans aller chercher les nœuds gordiens du docteur Slade, le président de l'Association britannique vous dira du haut de sa chaire de Dublin :

« Pauvres esprits arriérés, vous vous imaginez naïvement que la ligne droite est le plus court chemin d'un point à un autre ! Ce n'est qu'un cas particulier de lignes imaginaires tracées sur des plans à plusieurs dimensions que personne ne verra jamais, et qui ont avec la ligne droite réalisable la propriété commune d'avoir une direction constante !

« Le plan est également un cas particulier des surfaces en nombre infini dont la courbure est identique partout.

« L'idée fondamentale de ce niais d'Euclide est qu'un corps peut se mouvoir dans l'espace sans changer de forme, mais il n'en est pas de même dans l'espace qu'on a imaginé à Bedlam et à Berlin. Notre espace peut être considéré comme ayant son centre occupé par une fournaise et les objets qui s'y meuvent comme fabriqués en métal, de sorte qu'ils se dilatent à mesure qu'ils s'éloignent de ce foyer. »

L'éternité, quoiqu'elle soit bien longue, ne saurait suffire à ces rêveurs qui croient peut-être que, grâce à cette extension donnée à la notion de la durée, leur gloire est destinée à ne jamais être anéantie. Qui sait s'ils ne s'imaginent pas que le choix heureux d'une nouvelle variable leur permettra de prolonger leurs misérables vies et que la philosophie nouvelle n'équivaut pas à la découverte du fameux breuvage de l'immortalité?

Se soustraire aux lois de la nature, la forcer à changer ses desseins les plus impérieux, les plus nécessaires, les plus inébranlables, n'est pas seulement, comme on le voit, le rêve des thaumaturges, qui nous décrivent l'histoire du péché originel ou des incarnations de la divinité.

Ces deux genres de perversité intellectuelle ne sont pas sans offrir les plus curieuses analogies, on peut même dire que l'on ne peut comprendre complétement les divagations des outranciers de la théologie, si l'on ignore comment ceux de la science sont arrivés à dénaturer des notions moins sublimes, mais dont l'évidence semble plus complète, et dont l'abus paraît interdit. Car si l'on peut concevoir qu'on exploite la croyance instinctive à une vie future perdue dans un avenir lointain, on n'est point préparé à voir la théorie des parallèles niée avec autant d'effronterie que l'existence de Dieu.

CHAPITRE XXVIII

L'INFAILLIBILITÉ ACADÉMIQUE.

La base fondamentale de la notion des miracles est l'idée que quelques faits particuliers spéciaux peuvent avoir une importance suffisante pour renverser l'ensemble des phénomènes usuels communs, courants constants qui forment la base de la sagesse des nations, le fond commun de l'humanité.

Les escamoteurs et les charlatans qui ressuscitent des morts pour prouver leur mission ne raisonnent pas autrement que les savants qui prévoient une éclipse pour démontrer à de trop dociles auditeurs que leurs théories cosmogoniques sont exactes et qu'ils ont en poche le secret de l'éternité.

Il n'est donc pas étonnant que l'on constate à chaque instant de si étonnantes ressemblances entre la logique des cardinaux de Rome et celle des cardinaux de l'Institut.

Dans maint passage de ses œuvres, Arago, qui était pourtant un des esprits les plus libéraux de son temps, cherche à exercer sur ses lecteurs une véritable dictature morale. Il a même la franchise fort rare d'en convenir.

« Allez en avant, » dit-il à un personnage qui lui faisait part de ses doutes, « allez en avant et la foi vous viendra. »

Ce procédé n'est point toujours aussi efficace qu'Arago paraît le croire, au moins s'il m'est permis de juger des autres par moi-même, car si j'ai commencé à douter de beaucoup de choses qu'Arago enseigne, ce n'est pas de prime abord, c'est uniquement après avoir commencé à y ajouter foi. Le doute a été le fruit du travail intellectuel et d'une certaine intelligence du syllabus que l'on m'imposait et que j'acceptai avec une naïveté que la foi du charbonnier n'a jamais dépassée. Qui me rendra les sensations de satisfaction naïve que j'éprouvais quand j'étais parvenu à déchiffrer une des pages de la *Mécanique céleste?* Avec quel respect ne maniais-je pas les pages de cette œuvre célèbre, que je considérais comme étant le code des lois du ciel. Jamais enfant de chœur n'a, je crois, ouvert un missel avec plus de recueillement.

Il ne faut pas croire que le joug des dogmes

académiques soit moins pesant que celui des dogmes de l'Eglise romaine, et que les sacristains de la science officielle soient plus portés à l'indulgence que ne l'étaient les familiers du Saint-Office.

Que l'on me permette de raconter à ce propos une anecdote caractéristique dont le héros est un sénateur bien connu, qui s'est fait un nom en présidant à la publication d'un grand nombre d'ouvrages de littérature scientifique et de journaux illustrés.

A une époque où la Société d'anthropologie n'existait point encore, j'offris à ce personnage un article sur l'homme fossile dont l'existence était niée par M. Élie de Beaumont.

Avec une ardeur fort facile à comprendre chez un jeune homme impétueux tout pénétré d'un sujet qu'il a creusé avec passion, je développai non sans quelque éloquence les raisons que j'entrevoyais.

Mais mon interlocuteur ne me laissa pas continuer mes raisonnements. « Il est inutile, » me dit-il d'un ton satisfait qui du reste ne le quitte guère, excepté peut-être quand il lira ces lignes, « de chercher à me convaincre, entre M. Élie de Beaumont qui est secrétaire perpétuel de l'Académie des sciences et M. de Fonvielle qui n'est rien, mon choix ne saurait être douteux ! »

« Si Galilée était venu vous apporter un article sur le mouvement de la terre, vous l'aurez donc repoussé ? »

« Certainement, » me dit-il « je me serais bien gardé de l'admettre dans mon Magasin. »

Je me retirai, sans songer à saluer un pareil personnage dont le cynisme me fit une impression qui durera autant que ma vie.

Cet exemple nous montre un des côtés les plus défectueux de notre organisation scientifique. En effet, nous éloignant de plus en plus de la nature, nous arrivons fatalement à construire une théorie artificielle représentant les chimères qui ont éclos dans la cervelle de nos auteurs en renom.

La science véritable, comme le disait Agassiz, ne doit être que l'énonciation de la partie du plan éternel de la Providence que nous sommes parvenus à déchiffrer. Son signe constant, c'est son évidence, sa logique, sa simplicité, sa conformité avec les données intimes de la raison.

L'homme sain d'intelligence doit être apte à juger en quelque sorte intuitivement les résultats auxquels arrivent les chercheurs. C'est au suffrage universel de tous les hommes qui réfléchissent, et non aux caprices d'une corporation de savants ayant leurs préjugés, leurs intérêts, leurs passions, leurs entêtements, qu'il appartient d'entretenir le mouvement perpétuel d'idées, de principes, d'opinions, d'expériences, qui permet au progrès de se perpétuer.

Quel peuple fut plus plus ingénieux, plus pénétrant que la nation chinoise à laquelle nous devons probablement la boussole, la poudre à canon, l'imprimerie et un nombre considérable d'inventions saillantes?

Cependant, en voyant cette race si intelligente réduite à un tel état de stérilité, ayant conservé tous les arts du passé, mais étant devenue incapable d'engendrer une idée nouvelle, on se demande involontairement s'il n'y a pas dans les aptitudes humaines un maximum marqué en quelque sorte à l'avance par la nature.

Il ne serait pas impossible que nous soyons destinés à devenir ce que l'on pourrait appeler la Chine de l'avenir, et que la rapidité avec laquelle les arts et les sciences se développent de nos jours ne fît qu'accélérer le moment où nous aurons atteint le niveau scientifique, politique et moral qui nous est imposé par la constitution de notre esprit.

Mais quelque opinion que l'on ait à cet égard,

on reconnaît que la constitution d'une caste scientifique se recrutant par voie d'examen, d'affiliation ou de diplôme ne peut que tendre à paralyser l'esprit d'invention.

La constitution des dogmes scientifiques en corps de doctrine a produit, sur la philosophie naturelle, le même effet que l'établissement des doctrines religieuses sur la philosophie.

La Foi, qui prédispose à admirer les miracles produits par la baguette d'un enchanteur, ou par les procédés mystérieux dont les savants accaparent la connaissance, fait fermer les yeux sur les véritables miracles que réalise chaque jour la nature. Elle empêche même d'observer les phénomènes les plus curieux, ceux dont les résultats sont les plus surprenants, et exerceront la plus heureuse influence sur le progrès des sciences.

M. Bardoux, ministre de l'instruction publique de la République française, a eu l'heureuse idée d'envoyer en Amérique deux physiciens tout frais émoulus des écoles pour observer le passage de Mercure sur le soleil. Ce phénomène se passait au commencement de mai.

A la fin du mois de juillet avait lieu une éclipse de soleil totale et dans des conditions tellement favorables que le gouvernement des

États-Unis résolut de donner aux observations une étendue sans précédents.

Nos jeunes savants, impatients de revoir la belle France et de prendre leur part des triomphes de l'Exposition, déclarèrent tout d'une voix que les éclipses de soleil étaient usées, qu'après les travaux de M. Janssen et surtout de M. Faye il n'y avait rien à apprendre et que par conséquent il n'était pas nécessaire que leur présence se prolongeât plus longtemps dans les régions peu civilisées où ils étaient restés trop longtemps lors du passage de Mercure.

Quoique ayant fait de l'étude de la physique solaire le principal objet de leur vie, des savants astronomes anglais n'avaient point imité cette folle et aveugle confiance de deux débutants, dans le *magister dixit*, ils avaient pris la peine de traverser l'Atlantique au moment où leurs collègues français désertaient le champ de bataille scientifique.

Ces deux infortunés voyageurs étaient de bonne foi l'un et l'autre. Mais le jour où le dernier d'entre eux arrivait à Paris, un télégramme d'Amérique apportait la grande nouvelle qu'un illustre astronome américain avait découvert la planète Vulcain, dont le grand Leverrier avait annoncé la présence vingt ans auparavant.

On reconnaissait que les idées admises jusqu'à ce jour sur la constitution du soleil, étaient complètement erronées, et que les prétendus axiomes auxquels l'analyse spectrale avait conduit sur les traces de la physique allemande représentaient autant d'erreurs que d'affirmations distinctes ! Si tant de propositions fausses pesamment échafaudées, lourdement élaborées, s'étaient écroulées en quelques minutes, ce n'était pas que les observateurs de 1878 fussent plus habiles que ceux de 1840 ou de 1854 et de tant d'autres éclipses. C'était uniquement parce qu'ils avaient pris la peine de grimper sur des pics élevés de 3,600 mètres où ils avaient rencontré un ciel absolument pur, et où plusieurs mystères de la constitution du soleil s'étaient développés devant eux.

Ces belles observations justifient les aéronautes qui depuis près d'un siècle demandent qu'on emploie les ballons pour pénétrer dans l'atmosphère pure où bien d'autres merveilles se développeront aux yeux des chercheurs.

Mais elles justifient surtout les philosophes, qui conseillent à l'expérimentateur de s'élever au-dessus de cette région inférieure que troublent les préjugés à travers lesquels il est impossible d'apercevoir le ciel pur de la vérité.

Car la nature ne dévoile ses secrets qu'à ceux qui prennent la peine de l'interroger sans parti pris. Elle ne réserve point ses faveurs à ceux qui croient que la sagesse consiste à errer dans les salles des pas perdus de la science.

Ce n'est pas avec l'appui du gouvernement, ni avec la protection des représentants autorisés des doctrines triomphantes que le progrès accomplit ses étapes caractéristiques. Tout miracle scientifique représente un progrès qui ne peut s'accomplir que par les lutteurs d'idée et les chevaliers errants de la vérité.

Car ce n'est point seulement dans le temple de Jéhovah que se trouvent des Pharisiens.

La science est comme l'Éternel, et l'on peut lui appliquer le mot du poète satirique :

> Et l'on voit, Dieu merci,
> Qu'elle a ses ministres aussi.

CHAPITRE XXIX

LA CRÉATION DES CHEMINS DE FER.

Jamais révolution plus complète, plus radicale n'a été introduite dans les habitudes d'une nation que par l'invention du premier railway.

Un demi-siècle après le jour de son inauguration, le réseau des chemins de la Grande-Bretagne avait une longueur dépassant 26.000 kilomètres sur lesquels 14,000 à double voie. Si l'on compte pour deux kilomètres de voie simple chaque kilomètre de voie double, on arrive à un total de 40 millions de kilomètres. La longueur des chemins de fer anglais est si considérable qu'on pourrait, en les développant, en former une ceinture qui ferait tout le tour de la terre. Résultat merveilleux dont il est difficile d'exagérer la grandeur, et qui est dû aux efforts d'un ignorant sublime, qui savait à peine lire dans les livres, mais qui aurait plus de droit qu'un Napoléon ou qu'un César à passer pour un homme providentiel.

La dépense nécessaire pour la construction de ce réseau prodigieux n'est pas moins fantastique. Si l'on prend les évaluations les plus modérées, on arrive à 15 milliards de francs, c'est-à-dire au triple de l'indemnité que la France à dû payer à la Prusse.

Chaque année les chemins de fer anglais reçoivent du public, une somme de 1,350 millions de francs, perçue librement et représentant un service rendu d'une valeur d'au moins 2,000 millions de notre monnaie, soit en temps économisé, soit en bénéfices sur le transport. Cette somme de 1,350 millions donne lieu à 750 millions d'achat de matières premières ou de salaires. Une somme de 600 millions est distribuée sous forme soit de dividende, aux actionnaires primitifs, soit d'intérêt aux porteurs d'obligations.

Tout cet échafaudage de forces économiques est basé sur les découvertes de quelques inventeurs de génie, que les grands mandarins scientifiques accusaient d'être des rêveurs, et qu'à une époque plus reculée on aurait pu renfermer dans les petites maisons, comme s'ils avaient été atteints de folie furieuse.

On sait qu'un kilomètre carré mis en forêts peut nourrir un chasseur, qu'en prairies il donnerait de la subsistance à une famille de pasteurs, que cultivé en blé il soutiendrait un village ; dans les oasis du Grand Désert, où les Arabes cultivent leurs palmiers, il suffirait pour nourrir un peuple entier.

Mais la puissance productrice de cette terre privilégiée est dépassée par celle du rail. En effet, on a calculé qu'il suffit en Angleterre d'une longueur de 130 mètres de voie pour entretenir un employé, soit directeur de compagnie, ingénieur, mécanicien, garde-frein, cantonnier ou manœuvre !

Cependant, l'on compte encore par milliers les vieillards qui n'ont point oublié l'époque où les chemins de fer étaient traités de chimères.

J'ai souvenance d'avoir entendu mon grand-père, mort en 1839, et qui était un calculateur émérite, soutenir que jamais les compagnies n'arriveraient à faire leurs frais. Il établissait ses calculs sur les recettes des diligences, et ne faisait point entrer en ligne de compte, l'augmentation de circulation produite par l'abrègement des distances, et le bon marché du transit. Il ne voyait pas que des besoins nouveaux dont il n'avait pas conscience allaient se développer !

Cette manière de raisonner ne lui était point particulière. Elle avait séduit pendant un certain temps de grands politiques dont les discours présentent quelques traces de cette aberration qui est pour ainsi dire inévitable. En effet l'esprit humain ne peut s'abstraire de l'atmosphère intellectuelle dans laquelle il a vécu, c'est petit à petit, pas à pas que son horizon s'éclaircit, s'étend et s'élève.

A ce point de vue encore on peut dire que la science produit réellement des miracles ; en effet elle accomplit des hauts faits que des individus parfaitement sains d'esprit, instruits et intelligents, considèrent en quelque sorte comme contraires à la nature des choses !

On n'a pas oublié que Fulton ayant proposé à Napoléon Ier d'employer des machines à vapeur pour mener les navires, et forcer le blocus prussien, l'empereur fit ce que tout souverain eût fait à sa place, il consulta son Académie.

L'Académie s'empressa de répondre que Fulton était un rêveur, et l'invention du hardi Américain fut mise au panier.

Surpris au milieu de ses préparatifs de débarquement par une nouvelle coalition, Napoléon fut obligé de se couvrir de gloire sur des champs de bataille trop éloignés des côtes pour songer encore à l'ingénieur dont les hardis projets avaient un instant séduit son intelligence.

Douze ans plus tard le conquérant était captif à bord du navire qui le conduisait à l'île où il devait trouver son tombeau.

Tout à coup il voit poindre à l'horizon un long panache de fumée.

Est-ce quelque nouveau volcan qui vient de faire explosion? Est-ce une île Julia qui est sortie du fond des abîmes océaniques? Les regards de tout l'équipage se fixent vers le point où cet objet étrange vient de se manifester.

Bientôt on voit surgir les mâts et la coque d'un navire. Pendant quelques instants on croit qu'il est la proie d'un épouvantable incendie.

Mais, les détails devenant de plus en plus distincts, on s'aperçoit que ce bâtiment marche avec une vitesse inusitée. Plus de doute, c'est un navire à bord duquel, malgré l'excommunication prononcée par l'Institut de France et l'opposition bien plus formidable encore des flots, d'habiles constructeurs sont parvenus à installer les appareils imaginés par Fulton. Cette nef extraordinaire salue César et son infortune voguant vers sa dernière prison.

L'histoire ne dit pas quelles furent les pensées de Napoléon en voyant passer devant lui ce bâtiment ironique! Mais nous pouvons nous figurer la stupéfaction de notre grand sénat scientifique en voyant s'accomplir en dehors de lui, contre son influence, une transformation radicale de la navigation.

Quoique cette étrange erreur fût immortalisée par la chute d'un empire, elle ne rendit en aucune façon nos pères conscrits plus favorables aux projets dont la base était la vapeur. Il ne leur vint pas un seul instant à l'idée, que cette puissance si longtemps méconnue allait enfin prendre sa revanche de tant de siècles d'oubli injurieux. Ils repoussèrent des plans que l'analogie avec ceux de Fulton aurait dû engager à accueillir pourtant avec moins de malveillance.

On ignore généralement que la conduite de l'Académie des sciences vis-à-vis des chemins de fer fut beaucoup plus répréhensible. S'il avait appartenu à l'Académie des sciences, les chemins de fer étaient à jamais bannis du territoire français. Ils avaient été condamnés, comme irréalisables par le baron Charles Dupin, un de nos plus illustres géomètres. Ce dernier, qui avait été envoyé en Angleterre aux frais du gouvernement français, pour étudier la richesse du pays, était revenu trop enthousiaste des chemins à ornières (c'est ainsi que l'on nommait les tramways), qui s'étaient déjà développés dans une proportion prodigieuse. Ébloui par les résultats brillants qu'il avait été appelé à constater, le savant rapporteur ne s'était point aperçu que le rail était incomplet sans la locomotive, qui avait déjà fait ses premières armes, mais que ses principes de mécanique transcendante l'avaient conduit à la condamner.

Ce géomètre, fort perspicace cependant, croyait rendre à son pays, qu'il aimait réellement, un double service non-seulement en décrivant avec les plus amples détails les merveilles de la traction par chevaux sur rails, mais encore en l'empêchant de gaspiller ses forces dans des tentatives inutiles. Ne faisait-il pas une œuvre nécessaire en combattant les rêves des fabricants de projets, qui croyaient qu'une machine sortie de la main des hommes pourrait remplacer les chevaux formés par celle de Dieu, et qu'un courrier d'acier aurait une vitesse que l'Éclipse n'a jamais atteinte dans les hippodromes d'Angleterre ?

Il avait naturellement communiqué, comme une sorte de peste, son opinion à ses confrères, et converti à ses amitiés comme à ses antipathies M. Navier, ingénieur en chef et professeur à l'École des ponts et chaussées. Le travail de

M. Dupin n'admettait pas du reste la discussion comme les chiffres publiés par mon grand-père dans ses ouvrages. En effet, le grand géomètre prouvait l'impossibilité des chemins de fer par raison démonstrative. Il établissait à l'aide d'une formule qu'il n'y avait pas assez d'adhérence sur les rails pour que la locomotive pût avancer, il avait conclu qu'elle patinerait indéfiniment. Sa géométrie ne l'avait pas conduit à voir que l'on pourrait obvier à cet inconvénient de la façon la plus simple en faisant la locomotive assez pesante, pour déterminer l'adhérence dont elle a besoin pour rouler sur les rails. Il n'avait pas trouvé ce moyen merveilleux, de combattre la pesanteur par la pesanteur.

Cette objection fut considérée comme si sérieuse, que M. Navier, fort grand algébriste aussi, fut chargé de dresser le plan d'un tramway ou chemin de fer à chevaux, qui devait aller de Paris au Havre. Ce chemin inutile, et qu'il aurait bientôt fallu démolir, eût été un monument de la folie de nos ingénieurs et de nos algébristes, si la révolution de Juillet, survenant à point nommé, ne nous eût épargné cette honte.

Une école énergique d'hommes d'action s'empara des chemins de fer, dans lesquels elle vit un organe de transformation sociale et de rénovation industrielle; obligés de cesser leurs prédications, persécutés par l'autorité politique, les saint-simoniens concentrèrent toute leur énergie sur une miraculeuse invention dont les grands hommes du jour n'avaient pas su comprendre la portée.

Il ne faut point oublier de faire remarquer que cette transformation radicale de la société française est due à une école philosophique qui tenait à honneur de glorifier le travail, et qui avait conçu la plus noble idée de la grandeur des miracles que peut produire l'humanité, si ses forces sont dirigées vers la paix comme elles l'ont été pendant tant d'années vers la guerre. Stimulés par un but si grandiose, les disciples de Saint-Simon apportaient à l'exécution des œuvres purement matérielles un entrain et un enthousiasme que les confesseurs de la foi du Christ n'ont point dépassés dans les premiers siècles de l'Église.

Ils eurent encore à combattre contre le parti des géomètres, qui continuait à s'opposer à l'accomplissement du miracle de Stephenson, et qui à bout de sophismes scientifiques y suppléait par des arguments propres à séduire la démocratie.

Car Arago, alors à la tête de l'opposition républicaine, luttait avec énergie contre l'établissement des compagnies qui seules pouvaient donner à notre réseau son développement normal ; nous n'avons pas le courage de résumer ici l'argumentation pitoyable de ce grand esprit, et nous engageons les lecteurs curieux d'assister à ce spectacle, de lire les discours du député du XIIe arrondissement de Paris à la Chambre des députés.

Quelques-unes de ses harangues ont été recueillies dans ses œuvres complètes où elles auraient pu être omises, hélas ! sans préjudice pour sa gloire.

L'École centrale des travaux publics, qui existe encore, et qui depuis quelques années est devenue une institution de l'État, fut créée dans le but spécial de constituer une théorie de l'exploitation des chemins de fer. C'est de cette pépinière que sortirent pendant la période de luttes les principaux coopérateurs des grands ingénieurs saint-simoniens.

L'hostilité contre les compagnies et la défiance du développement des voies ferrées dura, il faut bien le dire, jusqu'au coup d'État de 1852. L'historien impartial doit reconnaître que ce célèbre naufrage des libertés publiques était peut-être nécessaire pour consacrer ce triomphe des chemins de fer, et assurer à jamais la propagation d'un moyen de communication que les Aristote et les Platon auraient franchement considéré comme fabuleux. L'extension donnée au réseau et les modifications du cahier des charges qui suivirent le coup d'État de Décembre furent les principales causes de la grande prospérité matérielle qui signala les premières années de l'Empire.

On ne trouve des étincelles de génie divinateur que dans de très rares circonstances, et chez des auteurs qui ne font en aucune façon métier de prophète.

C'est ainsi que Mme Marie Somerville a écrit quelque part, il y a une cinquantaine d'années, qu'on arriverait à créer des machines reproduisant la parole et aidant à conserver intacte la prononciation des langues mortes. On a vu le grand Kepler deviner que Mars avait deux lunes, deux cent cinquante ans avant le jour où le télescope de Marsh en a révélé l'existence au monde étonné.

Mais généralement les auteurs des voyages extraordinaires comme Hoffmann, Verne ou son modèle, Edgar Poe, ne brillent point par la clairvoyance dont ils font preuve, pas plus que les auteurs qui se donnent la mission de décrire ce que seront les sociétés de l'avenir.

On peut dire que les voies du progrès sont essentiellement mystérieuses, parce que les conquêtes de la science sont le fruit d'une série de hasards.

Dans toutes nos découvertes, dit Arago, qui s'y connaissait, car il était avant tout un grand inventeur, « l'imprévu a la part du lion. »

Le génie de l'homme consiste surtout à tirer parti de ces trouvailles, et l'industrie des chemins de fer en est la preuve constante sans cesse renouvelée.

Si l'on est arrivé à faire circuler sur les lignes dans tous les sens une multitude croissante de trains avec un nombre d'accidents qui va en décroissant proportionnellement, c'est parce que chacune de ces rencontres ou chacun de ces déraillements a été étudié, commenté, comme l'aurait été une grande expérience faite de propos délibéré.

Au point de vue élevé philosophique on ne peut regretter une catastrophe quand elle a été utile au progrès général, car la marche de la civilisation la plus pacifique, la mieux mesurée, a besoin de son contingent de douleurs!

On peut dire que l'organisation des chemins de fer est le résultat d'un nombre infini d'inventions toutes de la plus grande simplicité. Elles sont tellement naturelles qu'il n'est pas d'ingénieur qui ne s'étonne qu'elles n'aient pas été imaginées plus rapidement, et qu'on n'ait pu y arriver que par une infinité de tâtonnements de tout genre. On n'en exceptera aucune de celles qui, comme l'injecteur de M. Henry Giffard, ont paru tellement surprenantes au premier abord, que des physiciens distingués ont mis en doute leur possibilité.

L'ensemble merveilleux qui a été ainsi constitué pièce à pièce a acquis insensiblement une force de logique et de cohésion étonnante. Les diverses parties se tiennent plus intimement les unes aux autres que les vers d'un épisode de l'*Iliade* ou de l'*Énéide*. Chaque perfectionnement prend sa place, se coordonne d'une façon merveilleuse, comme si le vaste système dont elle fait partie était le fruit d'une sorte de miracle continu, produit par l'action d'une intelligence supérieure à celle d'un homme ordinaire.

CHAPITRE XXX

L'INVENTION ET LES PROGRÈS DE LA TÉLÉGRAPHIE ÉLECTRIQUE.

Tout le monde sait que la base première de la télégraphie électrique a été découverte par le Danois OErsted, et que l'électro-aimant le fut par Arago et Ampère, deux académiciens français véritablement illustres.

On pourrait croire que cette circonstance devait être favorable à la propagation de la télégraphie et que les savants officiels n'auraient pas mis de résistance à propager l'usage d'une invention qui mettait en œuvre un appareil si merveilleux destiné à immortaliser deux de leurs plus célèbres confrères.

Cependant c'est encore malgré l'Académie, contre l'Académie qu'a eu lieu le développement du réseau télégraphique. L'hostilité n'a pas été moindre que si l'électro-aimant avait été découvert par quelque prolétaire dans le fond d'un village.

Il y avait alors en Sorbonne un professeur de physique fort populaire et fort estimé, on n'a jamais pu savoir pourquoi, et qui s'opposait à toute tentative en disant que l'électricité se perdrait en route, qu'elle n'arriverait jamais au bout du chemin qu'elle aurait à parcourir, et par conséquent qu'il serait tout à fait absurde d'essayer de s'en servir.

Les raisons données par M. Pouillet convainquirent Arago, qui laissa le télégraphe se populariser à l'étranger et par les mains d'expérimentateurs qui, loin d'être des académiciens, ne faisaient même point partie de l'École polytechnique.

Arago paraissait plus jaloux de plaire à son grand ami le prussien Humboldt, que d'assurer ses droits à l'invention du télégraphe électrique. Quoiqu'il fût très chatouilleux à l'endroit de la gloire scientifique de la France, il ne fit aucun effort pour empêcher Gauss de s'en emparer. Un peu plus il lui en aurait lui-même fait honneur.

Le développement des inventions est si bizarre qu'on ignore jusqu'au nom du physicien qui imagina de supprimer le fil de retour, mais en revanche on a fait beaucoup de bruit autour des personnages ingénieux qui ont imaginé la télégraphie sans fils, et l'on s'est bien des fois disputé cet honneur avant d'avoir fait une expérience décisive, qui aurait, hélas! réduit à néant ces espérances pour le moins téméraires qui seraient inexcusables si la nouveauté du télégraphe n'eût rendu les exagérations presque légitimes; car en face de révélations scientifiques si miraculeuses et si soudaines, il est permis de perdre de vue la limite qui sépare la chimère de la réalité.

L'opposition de l'Académie, qui accueille avec une imperturbable patience toutes les communications de cette nature, devait suivre les fils télégraphiques jusque dans le sein des mers. Des esprits ingénieux comme il s'en trouve tant dans une grande ville proposèrent de joindre Paris et Londres par un télégraphe sous-marin. M. Bain avait déjà réussi à jeter un câble à travers différents fleuves d'une largeur assez notable pour que l'on pût sans témérité songer à traverser un bras de mer de sept lieues.

Cependant l'idée de jeter un câble dans la Manche parut une conception monstrueuse digne des petites-maisons; si l'on eût vécu dans un siècle moins tolérant, on aurait peut-être poursuivi les téméraires comme coupables de crime de lèse-Océan. On se contenta de les tourner en ridicule et de les chansonner.

Toutes les objections pitoyables qui reparurent lorsque l'on voulut réunir les deux continents par un autre câble furent produites avec une ridicule énergie dans les conciliabules secrets de l'Académie. Tous nos journaux et tous les corps savants en retentirent.

Arago ne partagea pas cette répulsion quasi-universelle. Il annonça lui-même comme un grand événement la transmission du premier télégramme de Paris à Londres ; l'expérience fut faite avec une certaine solennité, mais combien le savant directeur de l'Observatoire de Paris fut loin de comprendre l'avenir immense réservé à cette extension de la télégraphie !

Il ne voyait dans ce fait qu'une magnifique expérience, il ne comprenait point que la conquête électrique de la Manche nous livrait toutes les mers du monde, et que bientôt la pensée humaine allait voler de monde en monde en franchissant tous les abîmes.

S'il lui paraissait utile de construire un télégraphe électrique qui traverserait ce détroit, c'était surtout à cause de la facilité extraordinaire qu'il comptait en tirer lorsqu'il s'agirait de faire la comparaison de la longitude de

Greenwich à celle de l'Observatoire de Paris.

L'exemple mémorable de ce grand esprit nous montre que nous n'avons pas même toujours la force d'intelligence nécessaire pour envisager les conséquences des miracles que l'action convergente des chercheurs ou une série d'heureux hasards fait éclore devant nos yeux. La vue nette non pas seulement des prémisses, mais souvent des conséquences les plus directes, semble dépasser la portée d'un esprit qui a l'orgueil de vouloir expliquer les mystères de la constitution du monde, et qui se console trop souvent de son impuissance en rêvant la conquête de l'impossible.

N'est-il pas superflu de citer d'autres exemples pour rabaisser l'orgueil des corporations savantes qui ont toujours une tendance invincible à rédiger des syllabus, et qui, si elles ne craignaient d'être châtiées par le ridicule, prétendraient ouvertement au privilège de l'infaillibilité?

Toutefois il faut remarquer que les objections faites aux grandes innovations ne sont pas toutes inutiles, et qu'un grand nombre représentent l'énonciation synthétique, quelquefois brutale, des difficultés dont l'auteur d'un projet doit triompher s'il veut réellement tenir ses promesses et mériter le nom d'inventeur. La théorie n'est que la poésie du progrès, et l'humanité ne vit que de prose.

L'objection faite aux inventeurs de direction aérienne, par les gens qui soutiennent qu'on ne trouvera pas de point d'appui dans l'air, doit être considérée comme fondée tant qu'on ne sera pas parvenu à donner une force suffisante aux organes moteurs que l'on veut employer pour mener les ballons.

Cette vélocité indispensable, le mécanicien ne peut la fournir d'une façon arbitraire, fantaisiste; il faut qu'il ait recours à des procédés en harmonie avec le problème qu'il cherche à résoudre. La matière est un esclave indocile, que le génie humain arrive quelquefois à dompter, mais jamais sans avoir à triompher de dangereuses révoltes.

L'exécution, la pratique, l'expérience, telles sont les conditions préalables indispensables à tout progrès matériel sérieux, vrai. C'est en forgeant qu'on devient forgeron, dit le plus sage de tous les proverbes, celui qui sert pour réaliser les rêves des hommes de génie et pour distinguer les miracles de l'industrie humaine des chimères qui peuplent le monde de la fantaisie et du mensonge.

C'est un genre de talent et de pénétration peu enviable que de se borner à montrer la difficulté des inventions des autres, mais cette espèce de bon sens est tout à fait indispensable.

Toutefois, il y a certaines bornes que cette critique ne saurait franchir sans préjudice pour la raison, car il y a des cas nombreux où il faut appliquer à la science et à l'industrie ce mot fameux de Danton : de l'audace, de l'audace et toujours de l'audace ! Heureux les opportunistes scientifiques, qui ne craignent point de se tenir à égale distance du scepticisme et de l'incrédulité, et qui, sans chercher à approfondir la cause véritable des phénomènes qu'ils constatent, se préoccupent d'en faire usage, afin de rendre leurs semblables meilleurs ou plus heureux, et chez lesquels la curiosité se trouve tempérée, réglée, sanctifiée par l'amour de la patrie et de l'humanité.

CHAPITRE XXXI

LES MIRACLES DE L'ACOUSTIQUE ET DE L'ÉLECTRICITÉ.

Il y a environ un quart de siècle, un jeune homme qui sortait des chasseurs d'Afrique, où il avait fait un congé, vint à Paris pour chercher une occupation honorable et lucrative. C'était un esprit ardent que le soleil d'Algérie avait prédisposé aux conceptions hardies.

Il arrivait dans la grande ville au commencement de l'essor de la télégraphie dont les merveilles séduisaient les cerveaux les moins impressionnables.

Ce jeune homme comprit que la disposition merveilleuse, qui permet aux efforts mécaniques de se propager à distance, n'était pas le dernier miracle de l'électricité, et qu'elle pouvait être utilisée au transport de la parole elle-même, comme elle l'était déjà au transport de la pensée.

L'*Illustration* était alors dirigée par M. Paulin, son fondateur, homme d'un très grand mérite, et d'une incontestable perspicacité. Tout à fait étranger aux préjugés des castes savantes, il accueillit avec une excessive bienveillance le jeune inventeur, qui prétendait avoir résolu un problème en apparence absurde, et lui ouvrit les colonnes de son journal.

M. Bourseul décrivit avec une grande netteté les principes qu'il comptait appliquer, et il se mit en devoir de donner suite à son invention.

Il s'adressa à un homme déjà célèbre et qui a donné plus d'une fois, dans sa carrière, la preuve d'une remarquable perspicacité. M. du Moncel, qui commençait dès lors la rédaction de son grand ouvrage sur les applications de l'électricité, ne put s'empêcher de remarquer la lettre du jeune soldat. Mais il ne la cita que comme un exemple des exagérations auxquelles certains esprits échauffés par la fièvre de l'invention ne craignent point de s'abandonner !

Ce jugement sévère porta le coup fatal aux espérances de M. Bourseul, qui, renonçant à la gloire et à la fortune, se résigna à suivre la carrière administrative et à entrer dans les télégraphes où il occupe encore en ce moment un poste relativement inférieur.

L'invention de M. Bourseul n'était autre que celle du téléphone à pile, qui est maintenant dans toutes les mains, et qui, un jour ou l'autre, transformera radicalement la télégraphie.

Vingt ans environ après ces événements, M. du Moncel avait été appelé à faire partie de l'Académie des sciences, lorsqu'un inventeur américain, dont le nom n'était pas mieux connu que celui de M. Bourseul, lui écrivit pour lui demander de présenter à ses collègues un appareil qui renversait toutes les notions connues d'acoustique, et qui, de même que le téléphone, semblait donner un démenti complet aux théories admises comme paroles d'évangile, à l'université de Leipsig et à celle de Berlin.

Cet étranger était M. Edison, et son invention était le phonographe, que tout Paris a vu fonctionner pendant l'année de l'Exposition à la salle des Capucines et à celle du passage de l'ancien Opéra.

M. du Moncel, qui avait appris combien il faut se défier des *non possumus* fulminés par les grands prêtres de la physique, accueillit avec bienveillance les mandataires de l'étranger, et les invita à exécuter leurs expériences devant lui.

Quand il se fut convaincu de la réalité des phénomènes en employant les précautions que réclame toute investigation scientifique, et à laquelle les charlatans seuls ont la prétention de se soustraire, le savant auteur des *Applications de l'électricité* pria le représentant de M. Edison de le suivre à l'Académie.

Rarement on a assisté à un spectacle aussi curieux : l'enthousiasme de la majeure partie des personnes présentes était indescriptible, supérieur, suivant des témoins oculaires, à celle de l'auditoire d'Arago, quand le plus illustre des secrétaires perpétuels de l'Académie des sciences mit sous les yeux de ses confrères les premières épreuves obtenues par Daguerre à l'aide de la photographie.

Mais un petit nombre de collègues de M. du Moncel, parmi lesquels on remarquait M. le docteur Bouillaud, ne craignaient point de manifester tout haut leur colère et leur incrédulité.

« C'est une indignité, » s'écriait-on, « de laisser l'Académie exposée aux tours d'escamotage qu'un hardi ventriloque vient exécuter devant elle. »

« Vous ne voyez donc pas que l'opérateur n'ouvre jamais la bouche quand il tourne la manivelle de son instrument ? »

Ces critiques furent naturellement répandues au dehors et excitèrent quelques appréhensions chez les personnes qui n'avaient eu l'occasion que d'assister d'un peu loin aux expériences.

Aucun doute cependant n'avait traversé mon esprit, jusqu'à une aventure que je dois rapporter, car elle montre que l'usage des moyens d'analyse scientifique peut dans certains cas conduire à des erreurs dans lesquelles on ne serait point tombé, si l'on s'était borné à une consultation sommaire.

Le lendemain du jour où j'entendis le phonographe pour la première fois, je pus me procurer une des feuilles d'étain qui avaient servi, et je m'empressai de la porter chez un habile opticien. Il me semblait qu'en examinant ainsi la trace laissée par le stylet on se rendrait compte de la multiplication des ondulations nécessaires pour la production de la voix articulée. Malgré mon peu de foi pour les enseignements de la physique allemande, je m'étais laissé séduire par les démonstrations qu'on m'avait autrefois enseignées à ce sujet.

Quel ne fut pas mon étonnement, quand nous reconnûmes, l'opticien et moi, que les traces laissées par le stylet étaient de la plus incroyable simplicité? Suivant l'expression fort heureuse de l'éminent praticien que je consultais, on eût dit que l'on avait devant les yeux une feuille de tôle dans laquelle des coups de pointe avaient été marqués à l'aide d'un marteau.

Le résultat de cette inspection sommaire fut de me rallier à la théorie du ventriloque. Une sueur froide me couvrit le front. Que n'aurais-je donné alors pour ressaisir les articles imprudents que j'avais écrit, ce qui est bien rare de ma part, sous la foi de l'Académie? Il me sembla voir apparaître le fantôme d'Alix, le membre de la Commune dont j'avais raillé impitoyablement les escargots sympathiques.

Je pris une voiture et je me fis conduire au triple galop dans la rue de la Bourse, au bureau de la plume électrique, où le phonographe demeurait encore, et où tout Paris savant se donnait alors rendez-vous.

Je ne rencontrai pas l'opérateur, mais un docteur américain fort aimable, qui est employé dans les affaires de M. Édison.

« Je sais très bien, dis-je, que M. Puskas est un ventriloque, et que ce phonographe...

« — Me soupçonnerez-vous d'être aussi un ventriloque? » me dit-il d'un air convaincu.

Par politesse, il m'était impossible de dire que oui, aussi fis-je d'assez mauvaise grâce un petit signe de dénégation.

« S'il en est ainsi, suivez-moi, me fut-il dit, et je vais faire parler le phonographe devant vous. »

Je gravis l'escalier sans être, je dois le dire, ébranlé par les assertions de mon interlocuteur; mais il fallut me déclarer pour battu dès que j'entendis les premiers sons sortir du cornet de papier, car je m'étais placé dans une position telle que nul ventriloque n'aurait pu me duper. J'avais pris les précautions nécessaires pour un examen scientifique, lequel, pour être efficace, n'a pas besoin d'être pédantesque ou démesurément prolongé. De son côté, mon interlocuteur n'avait rien fait pour se soustraire à toute demande raisonnable, sans quoi je n'aurais pas du reste poussé plus loin l'examen. En effet, c'est surtout à ce signe que l'on reconnaît la bonne foi de l'opérateur et la légitimité de l'expérience à laquelle il a procédé.

Mais les doutes, qui avaient un instant fait fléchir ma conviction, n'avaient point disparu de l'esprit d'académiciens, mieux à même cependant que moi de procéder à un examen scientifique sérieux, car ils disposent de ressources que les simples particuliers ne sauraient avoir à leur service.

Il faut ajouter que le bruit fait autour des

inventions qui se sont succédé dans ces derniers mois, et qui toutes ont trait à l'électricité, était bien de nature à exciter dans le sein de notre sénat scientifique quelques susceptibités ou quelques jalousies.

Si jamais ces sentiments indignes peuvent être considérés comme légitimes, c'est lorsqu'ils sont produits par une semblable accumulation de succès. « Ce n'est plus nous qui sommes les secrétaires perpétuels, » disait, quelque temps avant ces incidents, un des membres du bureau en désignant M. du Moncel. En effet, tous les inventeurs avaient recours à l'obligeance de ce savant affable dont la compétence est établie par tant de travaux, et qui, en accueillant les novateurs avec une courtoisie fort peu académique, semblait acquitter une partie de la dette qu'il avait contractée vis-à-vis du progrès en repoussant M. Bourseul au lieu de l'encourager.

Vers la fin du mois de septembre l'orage éclata d'une façon comique.

M. du Moncel demandait modestement l'hospitalité des comptes rendus pour une lettre de M. Edison, quand sur la motion d'un membre du bureau cette autorisation lui fut refusée. On prit pour prétexte que ce document important pour l'histoire de l'électricité avait été défloré par une publicité anticipée.

Enhardi par le peu de courtoisie de cette attaque, M. le docteur Bouillaud se leva pour demander qu'on interdît à M. du Moncel d'entretenir la compagnie d'expériences qui n'ont point été préalablement vérifiées et contrôlées par une commission ; en effet l'honneur de la compagnie se trouve compromis par l'exhibition de merveilles frelatées ; sa réputation devient solidaire de la bonne foi des inventeurs sur lesquels M. du Moncel étend trop légèrement sa toute-puissante protection.

Les règlements de l'Académie des sciences renferment une clause aussi singulière que peu connue : sous prétexte qu'il ne faut point porter atteinte aux sentiments de confraternité que les membres de l'Académie doivent éprouver les uns pour les autres, il est interdit de nommer aucune commission pour apprécier leurs travaux ou contrôler leurs assertions. Les membres des grandes assemblées politiques se bornent à réclamer le privilège de ne pouvoir être jugés sans le consentement de leurs pairs, car on ne saurait les poursuivre, si le corps auquel ils appartiennent n'a donné son autorisation.

Plus ombrageux et plus jaloux de leur dignité

scientifique que les membres des assemblées souveraines, les académiciens ont imaginé une théorie commode en vertu de laquelle ils ne peuvent être jugés par personne. Heureusement le public n'a pas souvent besoin de commissions ou de commissaires pour formuler une opinion, et les coupables ne peuvent échapper à la condamnation sévère que les événements se chargent trop souvent de prononcer.

Pour répondre à cette algarade, M. du Moncel imagina d'apporter à la séance suivante deux des instruments incriminés, le phonographe et le condensateur chantant.

Le parleur de ce dernier appareil avait été placé dans le salon de l'Académie française, qui se trouve au fond de la salle des séances de l'Académie des sciences. La porte avait été soigneusement fermée sur le savant opérateur, qui avait tenu lui-même à se placer sous la surveillance de M. Faye. A peine les deux célèbres académiciens avaient-ils disparu qu'on entendit la voix de M. du Moncel sortant des feuillets d'un cahier de papier, placé sur la table qui se trouve au pied du bureau.

Son timbre était transformé de telle manière que le son semblait produit par une cornemuse ou par un hautbois.

Comme M. Bouillaud avait la faculté, dont il fit usage, de prendre à la main le fameux cahier de papier, de le porter à son oreille, et de s'assurer qu'aucun ventriloque n'était parvenu à se glisser entre les feuillets, l'expérience ne dura pas longtemps.

La séance reprit son cours, et les essais sur le phonographe commencèrent lorsqu'elle eut été levée, au moment où l'Académie entre ordinairement en comité secret.

Mais cette fois aucun des curieux qui font tapisserie le long des banquettes ni aucun des membres de la Presse n'avait quitté sa place. Les huissiers, demeurant la bouche béante en attente du scandale qui allait se passer, avaient oublié d'ouvrir à deux battants la porte qui conduit à la salle des pas-perdus. Il se passa alors une scène sans précédents dans les annales pourtant bien drôlatiques de l'Académie des sciences.

M. du Moncel se mit gravement à tourner la manivelle et à prononcer quelques paroles banales dans le cornet.

Comme la pointe avait été ajustée avec soin, que le papier à chocolat avait été tendu de main de maître, que la voix avait été nettement scandée, et que le mouvement de la manivelle avait été parfaitement régulier, les paroles furent rendues avec une netteté tout à fait irréprochable.

Alors M. Bouillaud, se jetant sur M. du Moncel, lui pinça fortement le nez, ce qui l'obligea à ouvrir la bouche pour respirer et, naturellement, à interrompre le mouvement de rotation de la manivelle.

La voix grêle et ironique cessant de sortir du cornet, M. Bouillaud s'imagine que c'est parce qu'il a contraint son confrère à ouvrir la bouche que la voix a cessé de se faire entendre.

« Vous le voyez, s'écrie-t-il d'un air triomphant, vous le voyez, Messieurs, quand j'oblige M. du Moncel à desserrer les dents, il ne peut plus faire le ventriloque et son phonographe cesse de parler. »

Deux autres membres de l'Académie tenant à convaincre un confrère, jadis célèbre, se mettent successivement à la manivelle. M. Bouillaud se jette sur eux avec la même fureur qui excite des rires convulsifs de la part du public et même de l'Assemblée.

Exaspéré par la manière dont ses démonstrations sont accueillies, M. Bouillaud fait des efforts pour montrer comment s'y prennent les ventriloques quand ils parlent en tenant la bouche fermée et en respirant par le nez, mais cette manière de moduler des sons demande une habitude que le bouillant docteur est bien loin de posséder.

Aussi le président comprend-il, mais trop tard, que ce scandale ne peut se prolonger et se décide-t-il à suspendre une séance qui n'a que trop duré, ainsi que le fait remarquer le journal *l'Électricité* dans un article énergique qui mérite d'être rapporté.

« M. Bouillaud échappant à la critique par suite du développement de l'affection cérébrale dont il est atteint, nous ne nous occuperons plus de ce personnage dont la place n'est pas à l'Institut, mais dans une institution également placée sur les bords de la Seine. Mais nous exprimerons tout notre étonnement en voyant que M. le président Fizeau, un physicien ! autorise des scènes pareilles à celles qui ont attristé tous les assistants à la séance déplorable du 7 octobre dernier, au moins ceux qui ont à cœur la dignité scientifique de la France.

« Est-ce que, par hasard, M. Fizeau, un physicien, avait besoin des expériences qui ont terminé la séance pour se faire une opinion sur le phonographe ?

« Est-ce que lui aussi croyait que le phonographe est une œuvre de ventriloquie? Est-ce que lui aussi avait envie de pincer le nez à M. du Moncel, afin de lui faire ouvrir la bouche et de bien s'assurer qu'il n'était pas l'auteur des sons qui semblaient sortir du cornet?

« S'il en est ainsi, que M. Fizeau descende d'un fauteuil qu'il ne saurait occuper plus longtemps sans péril pour la science française.

« S'il en est autrement, de quel droit M. le président de la triste séance du 7 octobre a-t-il oublié qu'il est le gardien-né de la dignité de l'Institut, qu'il forfait à sa mission en laissant couvrir de ridicule, par une scène scandaleuse, la compagnie dont il résume l'initiative : « Présidence oblige ! »

« Nous sommes obligés d'ajouter que ces scènes, qui nous affligent en qualité de Français, ne sauraient nous surprendre ; il est, en effet, difficile de nommer une invention saillante mémorable qui n'ait été repoussée, si elle n'a été patronnée par quelqu'un de l'Académie.

« Sans M. du Moncel, le phonographe était condamné comme l'ont été les bateaux à vapeur, les chemins de fer, le télégraphe électrique, etc., etc. !

« Quoique notre amour-propre national soit incontestablement froissé de cette aventure, nous serions consolés si elle servait de leçon pour l'avenir ; si le public, averti par ce scandale, comprenait la nécessité de réformer radicalement une assemblée où tant de médiocrités turbulentes bénéficient de la juste renommée de quelques illustrations véritables.

« Pour régénérer cette assemblée en décadence, il suffirait d'un peu de résolution. M. le ministre de l'instruction publique n'aurait besoin que d'un peu de virilité pour nettoyer, dirait un plaisant, ces écuries d'Augias. »

CHAPITRE XXXII

LES MIRACLES DE LA SCIENCE AUX EXPOSITIONS

La première République a eu sans contredit une heureuse inspiration en établissant les expositions nationales. On peut dire qu'en les créant, François de Neufchâteau a rendu autant de services aux sociétés modernes que l'Hercule de Crète qui, suivant Diodore de Sicile, établit les jeux Olympiques a pu le faire pour la Grèce antique.

Ce fut un jour qui doit être marqué d'une croix blanche dans les annales de l'espèce humaine que celui où les vainqueurs du concours de la colonnade du Louvre furent couronnés avec une grave et austère solennité par les autorités directoriales.

On doit également ranger au nombre des grandes étapes du progrès, la journée non moins mémorable où la reine Victoria et le prince Albert ouvrirent les portes du Palais de Cristal, de Kensington Garden, aux travailleurs de toutes les nations civilisées.

C'est avec raison que nos voisins d'outre-Manche sont fiers de la date du 1ᵉʳ mai 1851, où la Royauté Britannique a fait pour les hommes de toutes les nations ce que la première république avait tenté pour les citoyens français.

On aurait d'autant plus mauvaise grâce à ne pas reconnaître l'importance de cette immense innovation pacifique, que l'exposition de 1878 vient de nous permettre de remporter une éclatante revanche sur les champs de bataille de l'Industrie. Tout cœur véritablement patriote doit la considérer comme étant la manifestation la plus éclatante de notre régénération nationale. Ceux de nos concitoyens qui y ont pris part peuvent dire avec orgueil : *moi aussi j'étais un soldat de la grande armée de la paix*. Le ministre de l'agriculture et du commerce a eu une excellente et patriotique inspiration en accordant une médaille commémorative à tous ceux qui ont contribué à ce grand triomphe.

Le spectacle offert par Paris pendant cette année mémorable était d'autant plus surprenant que notre activité commerciale et industrielle offrait un plus brillant contraste avec les luttes sanglantes qui désolaient tout l'Orient, et que nous nous adonnions avec un entrain sans pareil au développement des arts utiles au bien-être de tous, au moment où des despotes sacrifiaient des millions d'hommes à la satisfaction de leurs ambitions dénaturées.

L'abstention de l'Allemagne, qui a eu le bon sens de comprendre que la place d'une nation de rapine et de violence n'était pas au foyer du grand Paris, qu'elle a si impitoyablement bombardé, a ajouté un nouveau lustre à nos honorables succès.

L'exposition internationale de 1878 est la première dans laquelle on ait essayé d'établir une sorte d'enseignement professionnel. Jusqu'alors on avait abandonné le visiteur dans les galeries, au hasard de ses inspirations.

Les salles du Trocadéro ont été constamment occupées par des réunions dont le but était très louable et où beaucoup de suggestions intelligentes ont été certainement faites par un grand nombre de penseurs.

Toutefois, il importe de ne pas tomber dans un excès dangereux en attachant à ces grandes manifestations de la puissance productrice des nations un rôle et une importance qu'elles ne sauraient posséder.

Car il ne s'est dégagé de tous ces efforts aucune lumière véritablement nouvelle.

Le gain moral le plus réel a été la comparaison de produits remarquables par la richesse, par la matière, par le goût, par l'économie de la production, et non la révélation de routes nouvelles dans lesquelles les chercheurs devaient s'engager.

Ceux, et le nombre en est grand, qui ont trouvé des inspirations dans ce spectacle, le doivent plus à leur méditation personnelle qu'aux conseils venus d'en haut ou au verdict des commissaires.

Nous avons parcouru à bien des reprises différentes les volumineux rapports publiés par les jurys qui se sont succédé depuis la première exposition républicaine jusqu'à nos jours ; nous ne croyons pas qu'on y trouve une véritable idée mère. Leur remarquable insignifiance ne nous permet pas d'augurer que les nouveaux soient plus heureux.

Ce que les expositions encouragent incontestablement, ce sont les efforts soutenus et persévérants nécessaires pour réaliser l'organisation de nos grandes industries si admirablement dépeintes par M. Turgan ou par M. Figuier dans la collection de ses *Merveilles*.

En dehors de la proclamation de résultats acquis, connus et accomplis, on ne peut rien demander aux jurys.

S'il est vrai qu'on puisse dire *que le moment où je parle est déjà loin de moi,* on peut dire que ces commissions, quelque bien choisies qu'on les suppose, doivent être considérées comme éternellement condamnées à écrire l'histoire du passé. Toutes les fois qu'elles veulent diriger leurs regards vers l'avenir, elles perdent la clairvoyance dont elles ont pu faire preuve dans le cercle habituel de leurs occupations.

Dans une vitrine obscure de l'Exposition de 1871 se trouvait une petite fiole contenant les premières couleurs fabriquées à l'aide du goudron de houille.

Cette fiole n'avait même point frappé l'attention des commissaires, qui avaient dédaigné d'en faire mention.

Quelques années à peine s'écoulaient, et les couleurs tirées du goudron de houille donnaient une gamme de teintes toutes nouvelles. La palette de nos marchandes de mode s'enrichissait de nuances d'une pureté telle qu'on pouvait croire que les rayons du spectre avaient été fixés et matérialisés.

La découverte de la photographie éclata

comme un coup de foudre dans un ciel serein; aucun commissaire n'avait, dans une ligne d'un rapport quelconque, deviné qu'un jour viendrait où la lumière serait chargée du soin de prendre les objets qu'elle nous montrait.

Les succès mérités qu'avaient obtenus les appareils de nos grands acousticiens semblaient autant d'objections à l'admirable invention du phonographe. Si M. Edison avait eu le temps de lire les savants rapports qui avaient été rédigés à ce propos, il est à présumer qu'il n'aurait pas profité du hasard qui lui a donné le moyen d'emprisonner la nymphe Echo au fond d'un cornet de papier.

Il est à remarquer en effet que les grands phénomènes qui contiennent en germe les découvertes de l'avenir sont le plus souvent indiqués par des faits n'ayant point de liens apparents avec ceux qui nous sont familiers et ne peuvent être que dédaignés, méconnus, s'ils ne sont considérés comme apocryphes.

Ce sont des graines légères qui, comme celles de certaines espèces végétales, errent au hasard de tous les vents, et ne se développent que quand elles ont trouvé par hasard le sol fertile où elles peuvent fructifier. Si l'on en excepte quelques philosophes ou un petit nombre de marchands de miracles, on peut dire que personne n'y attache la moindre attention avant le jour où leur importance fait en quelque sorte explosion.

La puissance d'expansion de la vapeur était connue des anciens dès la plus haute antiquité.

Les prêtres d'Isis en avaient fait, il est vrai, un curieux usage pour ouvrir les portes de leurs temples, au moment où cette manœuvre devait exercer une impression particulièrement profonde sur la foule des fidèles se pressant autour d'eux.

L'autel sur lequel on brûlait les victimes que la déesse devait accepter renfermait dans ses profondeurs des vases d'airain que l'on avait remplis d'eau et qui aboutissaient à des conduits souterrains.

Ces conduits débouchaient dans des contrepoids creux où la vapeur se condensait et qui, lorsqu'ils étaient suffisamment pleins, obligeaient les portes à tourner d'elles-mêmes sur leurs gonds.

En dehors de cet usage si particulier, l'Eolypile ne servait guère que de jouet aux enfants d'Alexandrie.

Les propriétés de l'ambre, ainsi que celles de la pierre d'aimant, avaient fixé l'attention des physiciens ; à l'époque où Lucrèce rédigeait son poëme *de la Nature des choses*, elles étaient familières aux philosophes.

Cependant l'électricité ne servait qu'à distraire l'oisiveté des dames de Rome et d'Athènes, qui s'amusaient à frictionner des morceaux d'ambre, et les prêtres de l'île de Samothrace étaient les seuls qui eussent appris à faire usage des propriétés de la pierre d'aimant dans leurs prétendus enchantements.

L'imprimerie, au moins en principe, était connue dans l'ancienne Rome ; cependant l'empire des Césars était détruit depuis près de mille ans, lorsqu'on songea à employer pour la première fois les caractères mobiles ! s'il y avait eu dans la ville éternelle des expositions de l'industrie, on y aurait vu figurer les manuscrits publiés par les libraires qui dictaient les discours de Cicéron ou les poésies de Virgile à de nombreux esclaves ! Nulle commission n'aurait donné une grande médaille d'or à l'inventeur des cachets.

Lors de l'Exposition universelle de 1867, on fit les honneurs du Palais du Champ de Mars au grand canon prussien. Les Parisiens, suivant l'impulsion qui leur était donnée de haut, admiraient à l'envi les proportions de cet engin qu'ils trouvaient admirablement gracieux.

Quelques années plus tard, l'outil qu'ils avaient couronné de fleurs lançait sur ses enthousiastes un torrent de projectiles. Ils se repentaient un peu tard d'avoir si facilement donné l'hospitalité à un symbole de guerre et de violence, dont la présence dans le temple de l'Industrie moderne était à la fois une menace, une insulte et une dérision.

Pour que la leçon fût complète, on avait laissé se morfondre, en dehors de l'exposition universelle, le ballon captif, qu'on essaya vainement de reconstruire sur différents points de Paris quand l'heure du siège eut sonné.

Quelques journalistes, scandalisés du dédain dont l'aéronautique avait été l'objet, firent entendre des paroles mordantes et protestèrent contre un si scandaleux dédain.

Mais personne ne pouvait deviner alors que ces ballons si outrageusement dédaignés seraient la dernière ressource de Paris assiégé, qu'ils fourniraient bientôt au patriotisme désespéré de quelques bons citoyens les moyens d'aider Paris à sauver sinon la France, du moins son honneur, en la mettant à même de prolonger sa résistance jusqu'au point où l'acharnement à se défendre pouvait devenir de la folie.

Si les expositions universelles avaient existé

au dix-huitième siècle, il est clair que les Buache et les d'Anville n'auraient point accordé une mention honorable aux cartes représentant les découvertes des missionnaires jésuites et des voyageurs portugais dans l'intérieur de l'Afrique.

On aurait vivement blâmé les géographies ayant le mauvais goût de croire, malgré les doutes de la science officielle, aux récits que les découvertes de Stanley, de Cameron et de Livingstone ont, comme nous le voyons, confirmés d'une façon brillante.

On aurait couronné les doctes pharisiens scientifiques qui auraient épuisé les ressources de leur éloquence placidement fleurie pour montrer qu'il fallait se défier d'Hérodote, d'Edrisi, et surtout des récits mensongers semés par des prêtres fanatiques, à propos des prouesses du prêtre Jean.

CHAPITRE XXXIII

LES RÉVOLUTIONS SCIENTIFIQUES.

Comme nous le disions dans la *Physique des miracles*, les sociétés modernes renferment dans leur sein les éléments de crédulité suffisants pour permettre à de nouveaux prophètes de trouver des disciples. On ne peut pas affirmer qu'un second Mahomet ne rencontrerait point assez d'enthousiasme pour établir un nouvel Islam.

Nous donnions pour preuve de notre assertion la formation récente du mormonisme, qui était alors à peine connu en France, et qui n'avait point encore subi les épreuves d'un conflit avec le gouvernement fédéral. La ténacité avec laquelle les saints des derniers jours ont résisté aux tentatives des gentils, et la facilité avec laquelle les croyants dans la mission de Joseph Smith Junior continuent à se recruter dans la vieille Europe, ont montré d'une façon inattendue que nous ne nous étions point trompés dans notre appréciation.

Mais les Mormons ne sont pas les seuls sectaires que notre siècle d'incrédulité a vu naître. Il n'est personne qui n'ait entendu parler des poursuites intentées en Russie contre cette religion ténébreuse, que l'on accuse de pratiques abominables, et dont la nature peut à peine se décrire en termes honnêtes.

Sans chercher à démêler ce qu'il peut y avoir de vrai ou de faux dans ces récits confus transfigurés par la passion, dénaturés par les traducteurs, nous pourrions citer encore cet ancien garibaldien nommé Lazareti, qui prêchait en Italie l'établissement d'une nouvelle religion dont il était le grand prêtre, et qui finit par être fusillé à la tête des siens par les dragons du roi Humbert.

L'Angleterre nous fournirait l'exemple moins sanglant, mais plus étonnant encore, d'une femme qui a inspiré à une poignée d'enthousiastes l'idée absolue du renoncement aux biens de la terre, et qui leur a persuadé de mener dans les forêts ou dans les champs une vie de vagabondage condamnée par les lois de tout pays civilisé.

Nous verrions cette forme curieuse du fanatisme désarmer les juges, et les obliger à respecter la liberté de conscience dans les cas où elle oblige les mères à se contenter de prières pour sauver la vie de leurs enfants, et leur ordonner de les laisser mourir sans secours plutôt que d'avoir recours à la science maudite d'un médecin.

On n'a pas oublié que la découverte de la lumière électrique est déjà ancienne. Elle date du moment où sir Humphrey Davy a eu l'idée d'attacher un crayon de charbon à chacun des deux pôles d'une pile voltaïque et à les mettre en regard l'un de l'autre.

Bien des années s'écoulèrent avant que d'ingénieux inventeurs eussent trouvé le moyen de donner à la source d'électricité la régularité suffisante, et imaginé le moyen de maintenir les crayons de charbon à la distance convenable pendant toute la durée de l'éclairage.

Pendant près d'un quart de siècle la découverte de Davy resta enfouie dans les cabinets de physique sans que personne songeât à l'utiliser; malgré l'éclat éblouissant de sa lumière il semblait tout à fait ridicule de chercher à régler la position d'objets qui étaient le siège d'une combustion si incroyablement intense.

Ce découragement un peu puéril a cessé depuis le jour où ce véritable miracle a été réalisé à l'aide d'une multitude de combinaisons extraordinairement curieuses.

La vue d'une lumière artificielle qui a toutes les propriétés et tout l'éclat du soleil excita un enthousiasme facile à concevoir.

Ce sentiment fut d'autant plus universel que l'on découvrit en même temps un nouveau moyen d'engendrer la force électrique à l'aide du mouvement en imitant le procédé de la nature, qui fait sans doute circuler les planètes dans l'espace infini pour entretenir l'éclat des soleils.

Mais les gens ennemis de toute innovation et les actionnaires des compagnies de gaz d'éclairage s'entendirent facilement pour déclarer que cette lumière était insupportable, que jamais elle ne parviendrait à supplanter sa rivale.

L'opinion est généralement si docile à obéir aux gens qui la guident de haut, avec l'autorité des positions acquises, que les progrès furent positivement entravés pendant une longue période de vingt années.

Cette époque néfaste fut pour la lumière électrique comme une véritable captivité de Babylone.

Elle ne put conquérir que péniblement, pas à

pas, une fraction infime du terrain qui lui appartenait légitimement.

Il fallait la découverte d'un physicien russe, aidé par un homme doué de grandes qualités organisatrices, pour appeler de nouveau l'attention sur les conquêtes qu'elle avait réalisées.

Les expériences d'éclairage organisées dans les grands magasins du Louvre par M. Denayrouze à l'aide des bougies Jablokhoff produisirent l'effet d'une révélation. Il sembla que la lumière Davy était inventée une nouvelle fois.

L'effet de cette démonstration éclatante fut d'entraîner bon gré mal gré le conseil municipal à faire les frais d'une expérience dans l'avenue de l'Opéra.

Quoique les résultats ne fussent pas ce qu'ils auraient pu être, si l'on avait employé les appareils qui étaient connus depuis longtemps ils produisirent une émotion si grande que les bougies Jablokhoff se multiplièrent d'une façon prodigieuse; on les vit s'installer dans les grands hôtels, sur les grandes places, et dans les théâtres, et dans les grands magasins de nouveautés.

De Paris la mode se répandit comme une traînée de poudre, à Madrid, à Londres, à Bruxelles et même jusqu'à Berlin. Les capitalistes, les spéculateurs qui avaient si longtemps perdu de vue les propriétés incontestées et incontestables de la lumière électrique, commencèrent à obéir a un engouement analogue aux entraînements qu'on éprouve dans la politique.

A un dédain injuste succédèrent sans interrution, sans transaction, sans ménagements, des espérances également exagérées.

Des circonstances particulières vinrent encore augmenter la gravité de la crise dont la grande industrie qui avait le monopole de l'éclairage public se trouve actuellement menacée.

La découverte du phonographe, du microphone à charbon, du mégaphone et du microtacimètre et d'autres instruments tout à fait imprévus, est due, comme chacun le sait, à un homme qu'on a appelé le magicien de l'électricité, et dont la fécondité prodigieuse a dérouté toutes les prévisions des académiciens des deux mondes.

Nous avons cherché à peindre quelques-uns des résultats bizarres, curieux, grotesques, produits par cet étrange effarement de nos savants.

Il n'est pas étonnant qu'un effet analogue se soit fait sentir dans des sphères moins élevées, mais plus pratiques, et que les résultats matériels aient été cette fois beaucoup plus grands et beaucoup plus sérieux.

Une foule de gens naïfs se sont imaginés que l'ancien marchand de journaux à qui l'on devait tant de prodiges déclarés impossibles, ne connaissait point d'obstacle, et qu'aucun miracle ne se trouvait au-dessus de la force de son génie.

Cette idée bizarre a donné lieu à des événements qui sont en quelque sorte sans précédents dans l'histoire du monde industriel.

Dès qu'un télégramme d'Amérique vint apprendre qu'Édison s'occupait de la lumière électrique, il sembla que le gaz était détrôné.

Une panique s'empara des détenteurs d'actions du gaz, une baisse formidable se déclara instantanément sur des titres dont la valeur dépasse deux milliards et demi de francs.

Un des banquiers qui avait lancé habilement cette dépêche réalisa en quelques jours un bénéfice de dix millions. Nous ne nous arrêterons point à examiner s'il n'est point à regretter que de pareilles manœuvres ne tombent pas sous le coup de la loi.

La science comme la philosophie ou la politique ne peut être dispensée d'avoir aussi ses victimes. On ne saurait en effet rêver de progrès qui ne blesse quelqu'un. Il est impossible d'imaginer une cause assez sainte pour que ceux qui la défendent ne puissent la faire servir à la satisfaction de leurs passions, ou du culte désordonné de leurs intérêts égoïstes.

Mais il nous paraît instructif, consolant et rassurant à la fois, de voir que l'agiotage n'est plus réduit à spéculer sur le gain ou la perte des batailles qui font couler des torrents de sang humain au profit de n'importe quel despote.

On a compris que l'industrie a aussi ses Vaterloo, ses Austerlitz, et ses Sedan. On cote maintenant à la bourse le génie d'un inventeur comme autrefois on le faisait de celui d'un grand capitaine.

La science a envahi les champs de bataille de telle sorte que, dans la majeure partie des cas, la valeur personnelle devient presque inutile. Notre impétuosité traditionnelle ne serait qu'un présent funeste lorsque nous avons à nous mesurer contre des adversaires situés à des distances telles qu'ils tuent sans qu'on les voie, et qu'on doit les foudroyer sans les apercevoir.

Quoique le courage personnel, l'abnégation, l'esprit de sacrifice et de dévouement à la patrie soient des qualités indispensables et qui ne sauraient être remplacées, on peut dire que l'époque des guerres de soldat s'est terminée et que dorénavant nous n'aurons plus que des guerres de docteur et des guerres de savant.

Dieu a cessé d'être du côté des gros bataillons, il passe avec armes et bagages dans les camps de ceux qui savent exécuter le mieux les miracles nécessaires pour la marche, l'entretien et le maniement d'armées équipées d'une façon digne d'un siècle destiné à couronner l'édifice de la vapeur par celui de l'électricité.

Il n'est pas étonnant que les luttes de l'industrie offrent des surprises aussi imprévues, aussi émouvantes que les péripéties des grandes guerres.

Après un silence prolongé l'inventeur du phonographe se décida à parler et à envoyer en Europe le sommaire de son invention.

La surprise générale fut immense ; car, jamais montagne industrielle en travail de brevet, n'avait accouché d'une pareille souris ! La prétendue invention avait été déjà essayée à plusieurs reprises, prônée par des gens habiles et abandonnée.

Mais au moment où les actionnaires des compagnies de gaz commençaient à respirer, ils apprennent qu'un autre inventeur dont le nom était encore inconnu a réalisé dans un laboratoire de Londres le progrès qu'Edison s'était vanté d'avoir conquis.

CHAPITRE XXXIV

LA LOGIQUE DU PROGRÈS.

Il ne faut pas croire que l'opposition au progrès cesse un seul instant, et que la routine et l'ignorance désarment jamais.

Comme le faisait remarquer un philosophe, la terre présente constamment comme un abrégé de toutes les étapes par lesquelles a passé successivement l'histoire de l'humanité.

Si vous rencontrez des hommes que les Socrate ou les Platon n'ont pas dépassés, vous pouvez tomber aussi sur des scélérats dont l'infamie ne saurait être distancée.

S'il existe des nations avancées qui nous montrent des vertus publiques dignes de l'antiquité, il en est d'autres dont la légèreté ne fut pas éclipsée par celle des Athéniens, ou dont l'avidité égale au moins celle des anciens Germains.

Les sacrifices humains, qui sont encore fréquents dans l'intérieur de l'Afrique, surpassent en férocités ceux des anciens Phéniciens. Moloch n'a pas eu tant de victimes que les divinités innomées du Dahomey, que l'ignoble fétiche informe des canaques de la Nouvelle-Calédonie.

Grâce à l'heureuse inspiration d'un électricien, qui a disposé des machines d'induction de manière à imprimer des secousses à toutes les personnes qui toucheraient les fils ou les poteaux, le télégraphe électrique brave impunément la barbarie des indigènes de l'Australie.

Mais tous les instruments de la civilisation ne savent pas se défendre d'eux-mêmes.

On a vu les chemins de fer battre en retraite devant l'entêtement inflexible des mandarins chinois.

Des martyrs de la routine ont même poussé l'héroïsme jusqu'à se faire écraser par les trains des barbares, afin de donner un prétexte aux autorités du Céleste-Empire pour résister à une si dangereuse innovation que le *Chou-King* n'avait pas le moins du monde prévue.

Si l'on examine l'histoire de l'humanité, on reconnaît des lois fatales et logiques auxquelles obéit la génération des sociétés, de même que l'évolution des plantes ou le développement des animaux.

On dirait que l'action providentielle qui a

veillé à la succession des espèces ne cesse pas d'abandonner l'humanité, quoiqu'elle soit incontestablement douée d'indépendance dans ses volontés.

L'homme s'agite et Dieu le mène ne semble pas un axiome moins incontestable quand il s'applique à l'histoire des sciences que quand il s'applique aux révolutions des empires. On peut même dire que le progrès des arts et des sciences a mis en évidence des lois logiques qui s'imposent aussi impérieusement que celles de la chaleur, de la pesanteur, du magnétisme et de l'électricité.

Les grandes convulsions politiques et sociales que l'on attribuait à des passions désordonnées se montrent nettement comme le fruit de notre organisation corporelle, ou un corollaire des nécessités mêmes de notre vie sociale.

C'est ainsi que le plus grand progrès de la météorologie, est d'avoir reconnu dans les plus violentes tempêtes le résultat de grandes lois naturelles, et non le fruit du caprice d'une aveugle divinité.

La science a aussi ses erreurs nécessaires, ses tâtonnements inévitables, ses hésitations. La lutte de passions hostiles, d'éléments antagonistes est une des nécessités auxquels il n'est pas de miracle qui puisse soustraire l'industrie. Il n'y aura jamais de progrès assez éblouissant pour qu'il n'ait pas ses détracteurs et ses ennemis.

Mais de même que la météorologie n'a point encore trouvé le principe commun régulateur qui permet de deviner l'histoire future du temps, le philosophe ne peut encore savoir si les tendances nouvelles qu'il aperçoit conduiront à un état social parfaitement pondéré, ou si de nouveaux orages ne viendront point épouvanter indéfiniment les penseurs !

Ainsi, pour ne citer qu'un exemple, il est certain que l'extension du réseau de chemins de fer et de télégraphes électriques tend à supprimer l'espace et le temps. Mais en diminuant ainsi les éléments qui semblaient devoir séparer toujours les divers peuples civilisés, on voit s'aggraver la tendance à uniformiser l'espèce humaine et à supprimer les petites nationalités.

Ces nations qui seront forcément agrandies et dont la puissance se trouvera fatalement décuplée, vivront-elles côte à côte comme des gens bien élevés dans un salon, ou comme des brigands dans une caverne de voleurs? Y aura-t-il un état de société pour les peuples comme pour les individus, et les gouvernements vis-à-vis les uns des autres se croiront-ils obligés enfin de respecter les règles de l'honnêteté la plus vulgaire ?

Si l'état de guerre internationale dans lequel nous vivons se termine une fois, est-ce au profit d'un gouvernement libéral, ou d'un despotisme nouveau dépassant en étendue, en durée et en vigueur tout ce que l'humanité a supporté jusqu'à ce jour? Sommes-nous en présence de nouveaux barbares, ce qu'étaient les Achéens vis-a-vis des soldats de Rome, ou les légions de Constance et de Valens devant les tribus qui peuplaient la Germanie et la Sarmatie ?

Les miracles que la science réalise d'une façon si pénible et si lente, ces vrais miracles qui demandent tant de peines, qui représentent tant de sueurs et quelquefois tant de sang, doivent-ils être considérés comme étant aussi funestes que les prestiges dont se servaient les escamoteurs et les charlatans ? Combien il serait facile de chasser de notre esprit une indigne et puérile pensée si nous songions à la série de crimes que l'idée religieuse a rendus possibles sans que les Tartuffes, les Jésuites et les Inquisiteurs soient parvenus a déshonorer Dieu! Nous ne concevrions point de telles inquiétudes si nous songions à la multitude de scélérats ou d'imbéciles qui auraient rendu la démocratie détestable, si elle avait pu être compromise par leurs excès.

Quoique nous soyons loin de partager les assurances béates de quelques écrivains qui ont cherché à présenter un tableau trop flatteur et trop brillant du progrès, nous ne devons pas hésiter à conseiller à nos concitoyens de ne pas se laisser détourner de leur zèle par quelques malheurs inévitables ou quelques calamités privées.

Autant vaudrait imiter cet amant de la fable qui voulait rendre le soleil complice des crimes de sa maîtresse, dont il continuait sans pâlir à éclairer les forfaits.

Quoique le télégraphe électrique, que nous ne savions manier ait été une arme puissante entre les mains de nos ennemis, cela ne l'empêche pas d'être une excellente chose au point de vue universel et absolu et même à notre point de vue français. Il servirait à placer temporairement la France sous le plus lourd despotisme, il nous ferait successivement perdre vingt batailles de Sedan, qu'il n'en faudrait pas moins bénir le jour où Arago et Ampère en ont conçu les premiers éléments.

Malgré tous les crimes et tous les massacres que la poudre à canon a permis d'exécuter, qui ne sent que sa découverte a été un bienfait véritable pour l'humanité?

Car, à côté du sang versé sur les champs de bataille, il y a le travail immense, incommensurable, accompli dans les profondeurs de la terre dont les richesses minérales nous appartiennent dorénavant.

La lutte contre les fauves, grâce à cette invention admirable, n'est plus qu'un jeu d'enfants.

Pour combattre le lion de Némée, ou l'hydre de Lerne, il n'y aurait plus besoin d'un Hercule; une femme ou un enfant suffirait à la rigueur s'il savait loger une balle explosible dans la partie du corps où la vie du monstre est centralisée.

Au lieu de redouter de nouveaux miracles de la science, nous devons faire tous nos efforts pour les provoquer

Si l'inventeur de l'injecteur nous donne le ballon dirigeable, nous devons avoir la confiance que notre patriotisme éclairé saura en faire un noble usage contre les nations de proie.

Nous devons voir l'exploration de l'océan aérien et de toutes les parties du monde prodigieusement facilitée.

La terre où la providence nous a placés appartenant alors pour la première fois à l'humanité, ce ne saurait être que pour l'accomplissement de ses desseins bienfaisants.

Nos ancêtres les Gaulois avaient coutume de dire que, si le ciel tombait sur leurs têtes, ils le recevraient sur la pointe de leurs lances. Nous serions bien dégénérés de ces hommes héroïques, si ce miracle de la science, qu'on peut nommer la conquête du ciel, nous faisait éprouver un seul moment, non pas d'effroi, mais d'appréhension pour les conséquences d'un si merveilleux progrès.

Mais il ne faut pas demander à la science de donner la solution des grandes questions qui passionnent l'esprit humain, et qui exercent une si puissante attraction sur notre imagination.

Ce n'est pas à l'aide du télescope que l'on découvrira l'origine des mondes, et la puissance qui a formé les plus voisins soleils échappe aux instruments d'optique qui nous font admirer les nébuleuses les plus éloignées.

Le microscope qui, nous montre les organes de l'infusoire dont notre œil ne saurait apercevoir la présence, est impuissant pour nous renseigner sur l'origine de la vie ni la pile de Volta, ni la machine d'induction de Faraday, qui nous permettent d'imiter le feu du ciel, ne nous aident à lever un coin du voile mystérieux dont l'antique Isis aimait à s'envelopper.

Ceux qui cherchent la solution scientifique de ces grands mystères ne sont pas plus raisonnables que les abstracteurs de quintessence se révoltant contre la mort et en quête du breuvage de l'immortalité.

Infinie dans ses tendances et dans ses aspirations, marque infaillible de son immortalité future et de ses glorieuses destinées, notre raison ne possède que des facultés limitées auxquelles échappent l'origine et la fin de toutes choses.

C'est en nous repliant sur nous mêmes, et uniquement alors, que nous pouvons trouver dans notre conscience les éléments de certitude absolue sur lesquels peut reposer la philosophie. Là seulement nous sommes certain d'entrevoir un coin des vérités éternelles que le créateur de l'univers fait rayonner aux yeux de la raison.

L'on ne saurait concevoir dans les sciences ou dans l'industrie de découverte qui ne soit susceptible d'être effacée par des progrès nouveaux.

Il viendra sans-doute un jour, où la vapeur sera remplacée par l'électricité, et d'autres où l'électricité sera remplacée à son tour par des forces dont nous ignorons encore la nature, et qui probablement n'ont point de nom dans notre science contemporaine.

On peut appliquer au progrès matériel ce qu'un grand orateur de la Convention nationale a dit avec raison de la Révolution : que, comme Saturne, il dévore ses enfants.

Cependant aucune des surprises que l'avenir réserve à nos descendants ne changera les bases de la morale, qui reposent sur le sens intime que le Créateur nous a donné pour distinguer le juste, le bien et le vrai.

Les lois de la logique ont également une origine trop haute, pour que les sophismes des apôtres du matérialisme puissent les entamer. Elles résisteront aux entreprises des successeurs de Kant, comme elles ont résisté aux sophismes de Protagoras ; elles échapperont aux extravagances des évolutionnistes comme au délire des disciples de la *mécanique céleste*.

Les fluides électriques peuvent être reconnus identiques, la terre peut rouler dans un autre orbite, mais jamais la vertu ne changera d'allure, et l'honnête homme ne cessera d'être ennemi de la violence et de l'oppression.

L'hypocrisie qui portera le nom d'une prétendue science ne sera pas moins méprisable que celle qui invoquait l'intérêt d'un semblant de religion.

Quelque grands que puissent être les changements qu'éprouvent nos opinions sur la nature du monde, ils ne sauraient être plus considérables que ceux qui séparent les différentes théologies dans l'appréciation des différentes qualités ou de l'essence de Dieu.

En quoi donc, des modifications dans notre savoir, influeraient-elles sur nos rapports envers nos semblables, sur nos devoirs envers nous-mêmes ou envers la société.

Depuis quatre mille ans, comme le dit Boileau avec une merveilleuse éloquence, Homère respecté est jeune encore de gloire et d'immortalité.

Les débris de la *Vénus* de Milo réjouiront toujours les yeux des amateurs de la beauté véritable et de la perfection des formes.

Les théorèmes de la géométrie exciteront éternellement l'admiration des amateurs de la vraie rigueur philosophique, car ils ne sauraient être ni dépassés ni surpassés.

Mais toutes les fois qu'une doctrine scientifique ou prétendue telle s'efforcera de transformer les bases éternelles de la conscience humaine, on pourra mépriser hardiment ses prestiges et les considérer comme l'œuvre du mensonge et le fruit d'un charlatanisme coupable et dangereux.

Dans la *physique des miracles* nous nous sommes efforcés de dévoiler les entreprises des thaumaturges ridicules qui avaient entrepris une croisade coupable contre le réveil de la raison moderne, et qui voulaient profiter de la complicité des pouvoirs publics pour courber le génie français devant le sacerdoce romain.

Dans ce second volume, nous avons tenté une œuvre peut-être plus difficile encore. Nous avons essayé de mettre notre lecteur en garde contre les séductions d'une fausse science qui méconnaît l'existence des lois providentielles de l'évolution du monde, qui fait de la force le dieu des sociétés modernes, et qui prétend expliquer par les propriétés d'aveugles atômes qu'elle ne saurait expliquer, l'ensemble merveilleux dont la vraie science nous apprend à pénétrer de plus en plus les éblouissantes propriétés.

Nous avons essayé de défendre la raison contre ceux qui sacrifient les droits de la créature, puissions-nous avoir également réussi à la défendre contre ceux qui méconnaissent ceux du Créateur.

Les unes et les autres emploient des procédés identiques pour étouffer les instincts naturels de leurs victimes, et refouler les aspirations sublimes de la conscience humaine.

Que les miracles soient invoqués par le prêtre revêtu de son étole, ou par le physicien couvert de sa robe de professeur, ou par le spirite affublé de son habit noir, ils n'exerceront aucune influence sur les opinions d'un esprit sain et maître de soi. L'homme véritablement digne de ce nom comprendra qu'il est destiné à traverser cette existence sans trouver le premier mot des grandes énigmes qui se posent à sa raison naissante le jour où elle s'éveille. Quel que soit le sort qui l'attend, il peut l'affronter sans crainte, sans avoir besoin des affirmations de Rome ou des négations de la faculté de médecine, s'il a su faire quelques sacrifices au devoir, à l'amour de la patrie, s'il a pris plaisir non à flatter les passions populaires, mais à signaler l'hypocrisie des courtisans de la foule. Il n'aura pas besoin de viatique, celui qui a refusé de croire au syllabus de Rome sans nier l'existence des *non possumus* de la science.

TABLE DES MATIÈRES

Préface...		1
CHAP.	Ier. — La dent d'or...........................	13
—	II. — Les convulsionnaires de Saint-Médard.	23
—	III. — Naissance et développement du magnétisme animal..........................	32
—	IV. — Le magnétisme devant l'académie....	47
—	V. — Les successeurs de Mesmer............	53
—	VI. — La chasse aux spirites.................	67
—	VII. — Les oracles du tamis...................	79
—	VIII. — Les débuts des tables tournantes.....	87
—	IX. — Savantes dupes.........................	93
—	X. — La baguette divinatoire................	103
—	XI. — Le pendule explorateur................	109
—	XII. — Monsieur Allan Kardec.................	113
—	XIII. — Comment l'esprit vient aux tables.....	124
—	XIV. — Les médiums écrivants.................	133
—	XV. — Les exploits de M. Home...............	141
—	XVI. — Les spirites et les escamoteurs de profession.................................	149
—	XVII. — Les frères Davenport..................	157
—	XVIII. — La photographie spirite................	165
—	XIX. — Le livre de la lévigation...............	171
—	XX. — Mésaventures judiciaires de l'autre côté du détroit............................	176
—	XXI. — Les joueurs d'échecs automates.......	185
—	XXII. — Le zouave de la Roquette.............	197
—	XXIII. — Les guérisseurs........................	201

CHAP. XXIV.	— Fantasmagorie scientifique............	229
— XXV.	— Les jeuneuses et les vierges mères...	239
— XXVI.	— Les nœuds du docteurs Slade.........	249
— XXVII.	— La géométrie anti-euclidienne........	258
— XXVIII.	— L'infaillibilité académique............	270
— XXIX.	— La création des chemins de fer.......	279
— XXX.	— L'invention et les progrès de la télégraphie électrique.....................	292
— XXXI.	— Les miracles de l'acoustique et de l'électricité.........................	299
— XXXII.	— Les miracles de la science aux expositions.......................	311
— XXXIII.	— Les révolutions scientifiques.........	321
— XXXIV.	— La logique du progrès............	333

FIN DE LA TABLE.

1607-78. Conseil. — Imprimerie de Crété.

www.ingramcontent.com/pod-product-compliance
Lightning Source LLC
Chambersburg PA
CBHW050747170426
43202CB00013B/2325